기일혜 수필집 45

나는 그렇게 산다

기일혜 수필집

마흔다섯 번째 이야기

나는 그렇게 산다

크리스챤서적

머리말

코로나로 두문불출하는 날이 많은데, 뉴욕에서 셀라킴(독자, 60대 여)이 16년 만에 찾아왔다. 두 달가량 한국에 머무는 동안, 우리 집 앞 다과점에서 그를 자주 만나면서 내 영혼이 격상되었다고나 할까.

그와 헤어질 무렵의 어느 날, 그가 말한다. "하나님이 기일혜 작가님을 얼마나 사랑하셨으면 미국에 있는 나를 불러서…."

그를 불러서 나를 돕게 하셨다는 말씀이다.

그는 갔다. 사람은 오래 안 보아야 그리워짐도 생기는 거라면서, 사람 신뢰하지 말라는 냉정한 말도 남기고 갔다.

이웃을 내 몸처럼 사랑하는 셀라킴. 그가 가끔 보고 싶어지리라. … 그가 미국 가신 뒤, 소식 한 자 없다. 바람같이 왔다 간 분. 그가 벌써 그리워진다. 복숭아꽃 살구꽃 아기 진달래가 피는 고향의 봄이 그리워지듯이.

2021년 4월 30일 기일혜

차례

3부_ 돈보다 책이 더 좋다는 사람

1부

인명재처(?)의 시대

누군가는 옥수수를 심어야 한다

정선 김 원장님께 내 책을 소포로 보냈다. 다음다음 날까지 우체국이나 원장님에게서 책에 대한 소식이 없어서 원장님께 책 받으셨느냐는 글 드린다. 오늘 보내신 답글.

"예~ 선생님 책 잘 받았습니다. 죄송합니다. 옥수수 심느라고 아직 책을 못 보았습니다… 너무도 귀한 생명의 양식으로 공급해주심을 감사드립니다. 나누어서 잘 보겠습니다…."

"원장님(양로원) 늘 생명 돌보느라 바쁘시군요. 가치 있게 사십니다. 누군가는 옥수수를 심어야 합니다. 인류를 먹이고 계십니다. 그 옥수수 자라게 하시는 주님께 감사하는 아침입니다. 김점선 선생님(원장님)께도…."

지금 정선에선 옥수수를 심고, 오늘 서울에 있는 나는 무엇을 심어야 할까? 장 보러 가면서 시장바구니 들고 간다. 지구가 비닐로 숨 막혀 하니까 비닐 줄이려고. 누군가는 옥수수 심고, 누군가는 생활이 내뿜는 독가스—산소로 바꾸는 푸른 나무 심고. 시장바구니 드는 작은 일도, 푸른 나무 심는, 지구 살리는 일이다.

이 꽃씨는 어디서 날아왔을까?

어디서 보내신 떡 상자를 들고, 혼자 사시는 내 친구 찾아갔다. 떡을 건네주고 보니, 친구 집 현관 앞뜰에 잡초가 밭이 되어 우거져 있다. 풀을 뽑으려고(친구 허락받아) 하니, 내 허리까지 올라온 키 큰 잡초들 가지 끝에 좁쌀만 한 수많은 노란 봉오리들이 꽃을 피우고 있다. "나 잡초 못 뽑겠네요. 이렇게 꽃이 피고 있는데…."

친구도 가까이 가서 들여다본다. "꽃이 피었구나. 심지도 않았는데, 어디서 날아왔을까?"

"저절로 나요." "…그럼, 뽑지 마세요."

나는 안 뽑고, 집으로 향하면서 생각한다…. 내가 아까 잡초를 '저절로 나요' 했지. 주님은 "나는 스스로 있는 자"(출애굽기 3:14)라 하셨고… 피조물은 만든 분이 있지만 그걸 만드신 창조주는 "스스로 있는 자"…. 친구가 말했지, '심지도 않았는데 어디서 날아왔지?' 그건 저절로, 스스로 있는 자가 만드신 거야. 잡초는 주님이 심으신 것. 알곡 속에 섞여 있는 잡초, 그걸 뽑으려고 김매기하기에 알곡이 잘 자란다.

한없이 울었습니다

1년에 한두 번 하시는 영암 조 선생님의 전화. 놀랍고 반가워서 "아아아 선생님 선생님…."

선생님의 전화 내용, "…『신혼여행』(기일혜 수필집 44) 마지막 「내 그리운 시절」을 읽고 한없이 울었습니다. 어쩌면 그렇게 진솔하시고…." "예? 한없이 우셨다고요?" "한없이 울었어요." "…선생님 제가 사는 동안은 이 독후감 안고 가겠어요."

전화 끊고, 한없이 차오르는 내 슬픔… 조 선생님은 열 몇 살, 초등학교 4학년 땐가 키우던 염소, 아버지가 팔아버려서 염소가 끌려간 고갯길(산) 바라보면서 한없이 울었다. 내 마음속엔 지금도 울면서 끌려가던 염소가 있고, 그 염소 보내고 슬피 울던 소년이 있다… 요새 사람들은 메마르고 독해져서 남의 글 읽고 잘 울지 않는다. 제 자녀, 제 가족, 제 일로나 많이 울지. 남의 글 읽고 한없이 우시는 94세 소년 조 선생님. 지극한 연민, 넘쳐나는 다정다감이시다.

나는 내 이웃의 영혼을 위해서 한없이 울어야 한다.

하나님 사랑을 내 삶으로, 내 몸으로 보여주면서.

안양 나눔초등학교 옆에 사는 친구

어제, 안양 나눔초등학교 옆에 사는 친구가 안부 전화했다. 나중에 한번 자기 집에서 점심이나 하자고. 나는 '지금 즉시'가 좋다면서 그의 집으로 갔다. 열무김치 비빔밥 들고. 대화 중에 나온 수원 사는 그의 동생(56세) 얘기.

내 책 읽은 그 동생이 언젠가 물었다. "언니, 나도 그 작가님(기일혜) 만날 수 있을까?" "그럼 만날 수 있지."

"언니, 그 작가 만나려면 대학원에라도 등록해야 돼…?"

"넌 뭔 말을 그렇게 이쁘게 하냐."

그 동생 말에 놀라고 놀란 나. 집에 와서도 들리는 말. '그 작가 만나려면 대학원에라도 등록해야 돼…?' 이런 천진스런, 꿈같은 여인도 있는 세상, 희망이 있어 보인다. 어린애 같은 그 동생… 더 배우는 것보다 지금 그대로가 좋다. 지식이 힘? 세상 학문은 배울수록 교만해지기도 하고… 진짜 힘은 지식보다 '겸손과 사랑' 그런 생명 있는 것들, 배워서 되는 것 아니고 태어나는 것—진리라고 생각한다.

하나님께 드린 망고 7개

16년 전, 우리 아파트 경비실에 망고 과일 상자 두고 가신 셀라킴. 작은애 결혼 축하한다면서 가만히 두고 가신, 잘생긴 망고 7개. 생전 처음 본 망고. 그걸 가지고 오신 경비 아저씨 4개, 부모 떨어진 손자 키우는 할머니 2개, 옆집 가난한 공무원 아내에게 1개 드렸다. 남편과 손자 얼굴이 잠깐 스쳤으나 내 가족보다 더 필요한 그들에게 드렸다.

다 드리고 나니, 놀라운 깨달음 주신다. 아무리 비싼 망고라도 내가 먹으면 망고, 어려운 내 이웃에게 예수님 사랑으로 드리면 그건 하나님께 드리는 예물(禮物)이 된다고.

이 얘기 다른 책에 썼지만 셀라킴 얘기하려고 다시 쓴다.

내가 가족에게 주는 건, 하나님께 드리는 예물 아니다(가족이 이웃보다 더 가난하다면 몰라도). 어쨌든 내가 내 살붙이에게 주는 걸 어찌 주님께 드리는 예물이라 하겠는가. 제 새끼에게 주는 본능적인 것인데. 그 셀라킴이 16년 만에 오셨다.

그동안, 내 글 위해 매일 기도했다는 분. 이번에도 글 소재 많이 주셔서, 45권 책이 이 정도라도 나오게 된다.

미스터 농협

어제 동네 앞 제과점에서 만나고 헤어진 셀라킴의 색다른 문자 편지다. 어제 그를 만나 다과를 들면서 실컷 웃고 왔는데, 더 웃게 하는 문자 편지를 보냈다.

편지 내용.

"기일혜 작가님… 오늘 너무 재미있었어요. 13개의 선명한 색(천혜향), 신선 빵… 가방(배낭), 연필 가족, 무지 감사합니다. 지하철 내릴 때 생각했는데, '미스터 농협(남편)' 87 아닌 78세로 승격시켜드림을 선포하는 것이 좋겠네요. 빵을 사주셨고 뇌물 수수와 비슷하게 먹었으니, 우리가 인심 좋아 10세를 깎아드렸습니다. 그래도 행운 남(男)이셔요. 78 빼기-낭랑 18세(내 책에 나온 내용), 60세 젊은 부인과 사시니…."

셀라킴은 농협 마트에서 장보기 해주는 내 남편 얘기를 글에서 읽고, 남편 별명을 '미스터 농협'이라 부른다. 그가 또 말한다. "이번엔 왜 이리 오래 머무르게 하시는지 모르겠어요." 내 대답은 "기일혜 많이 키워주고 오라고 그러신가 봐요. 당신 만나서 내가 많이 배우게 되니까요."

브루클린과 뉴저지

셀라킴은 뉴욕 브루클린에서 산다. 나도 22년 전 뉴욕에 집회하러 갔다. 허드슨강 건너에 있는 뉴저지, 내 기억으론 '베다니 연합감리교회' 수요 예배. 셀라킴은 말한다. 뉴저지는 부유층이 사는 곳, 자기가 사는 브루클린은 가난한 흑인들이 많이 사는 동네인데, 한국 사람은 자기 한 사람이라고 (한국 이웃이 없어 조용해서 좋다고). 당당하게 말하는 그는 부유층도 가난한 빈민층도 아니고 이상향에 사는 천국 시민이다.

지금도 그 뉴저지 교회 목사님의 마지막 인사하는 모습이 강하게 남아 있다. 교인들이 그 목사님 새벽 기도회 말씀 들으려, 교회 근처로 이사 오기에, 교회 근처 땅값이 올랐다고. 나를 배웅하러 내 승용차까지 한참을 걸어 나와서 정중하게 인사하던 노(老) 목사님의 모습… 대개 큰 교회 유명 목사님들은 평신도 강사 가는 데 나와 보지 않는다.

그는 내게 이런 말씀도 해주셨다. "강사님을 보니 제 삶이 너무 부끄럽습니다." 자기를 다 내려놓으신 충격적인 말씀에 놀란 나, 아무 말도 못 하고 말았다.

성실함은 꾸준히 계속하는 것

16년 전 내 독자인 셀라킴이 오랜만에 귀국했다.

요즘에 나온 내 책 몇 권 읽고 그가 지은 내 남편 별명은 '미스터 농협'. 남편이 농협 마트에서 장보기 해서, 작가 아내 돕는다고.

어느 날은 남편 드리라고 팩에 넣어진 고등어구이(두 마리)를 가지고 왔다. 16년 전엔 망고 7개로 내 심장을 찌르더니 이번엔 고등어구이 두 마리로 또 찌른다.

그 뒤, 금요일 오후 5시면 고등어구이 가지고 어김없이 온다. 이유를 물으니, '성실함'은 꾸준히 계속하는 것이라고. 성경 말씀을 실천하니까, 쉽게 자기 말로 표현한다.

그러면서 '미스터 농협'이 건강해야 기 작가님이 계속 글을 쓸 수 있다고. 어느 금요일, 나는 어김없이 또 고등어구이 받아와서 남편에게 한마디 한다.

"당신 팬이 생기더니, 이젠 딸도 생겼네.

어느 딸이 이 정성을 들이겠소…."

당신과 경쟁하기 싫어서

셀라킴은 자기에게 맛있는 김장김치 준, 신갈 내 친구를 잊지 못하고 있다. 그가 한국에 나와서 집에서 정성 들여 담근 김치를 신갈 친구 통해서 받았기 때문이다.

그와 내가 마지막 저녁을 들 때던가, 내가 그에게 말했다.

"내가 신갈 친구에게 전할게요. 셀라킴이 당신을 가슴에 품고 미국으로 간다고요."

그랬더니 셀라킴은 그 말보다 이 말을 꼭 신갈 친구에게 전하라고 당부한다.

"당신(신갈 친구)이 미스터 농협 팬이라는데(내 얘기 듣고),

나는 당신과 경쟁하기 싫어서 '미스터 농협 딸'이 된다고. 꼭 이 말을 전해주시오."

유머도 이 정도면 수준급 아닌가.

돌고 돌아서 간 천혜향 선물

며느리 제자가 선생님인 며느리에게 보내는 선물 천혜향 과일. 며느리는 그걸 다시 우리에게 보냈다. 며느리가 제자에게 부모님 주소로 보내라고 부탁해서. 그렇게 제주도에서 직송한 천혜향 한 박스가 택배로 왔다. 이 과일이 꼭 필요한 친구에게 전화했더니, 거절한다.

이유가 참 색다르다. 근 1년간 못 만나고 목말라 있는데 잠깐 지하철역에서 과일만 받고 헤어지다니, 그럴 순 없다고. 코로나가 잠잠하면 날 잡아 만나 마른 목 충분히 축이고 와야지, 잠깐 얼굴만 보고 오면 갈증만 더 난다고… 백신도 나온다니 가라앉으면 그때 차분히 만나자고. 친구의 진중한 우정이다. 나는 코로나에도 가끔 사람 만나지만 친구는 거의 두문불출이기에, 그렇게 잠깐 만나면 갈증만 더한다는 것. 그에게 주려던 천혜향, 셀라킴에게 드리라고 허락받아, 제주도에서 직송한 천혜향은 이렇게 여러 사람 거쳐서 미국에서 온 셀라킴에게 간다. 셀라킴은 또 그걸 몇 사람에게 나누었다니, 천혜향 한 박스 향기, 넓게도 퍼진다.

고등어구이 40년 인생

어제 셀라킴이 한동안 남편에게 선물한 고등어구이 파는 식당을 찾아갔다. 지하철 삼각지역에서 내려 셀라킴과 같이 갔다. 식당 앞 처마 밑, 화덕에서 바깥주인이 고등어를 굽고 있다. 식당 앞에는 유명한 만화가가 그곳 다녀갔다는 광고문이 자그맣게 붙어 있고. 식당 안은 사람들로 가득, 어떤 때는 줄을 서서 기다린다고. 식당 안은 소박하다.

서빙하는 아들 인물이 준수하다. 조금 뒤, 더 잘생긴 청년이 들어온다. 아들의 아들이다.

내가 밖에서 고등어 굽는 바깥주인과 얘기 나누는데, 손자가 간다. 여주인이 손자 주머니에 만원 몇 장을 구겨 넣는다. 손자는 서서 받기만 하고. 할머니 표정은 천하를 얻은 듯 대만족… 나는 식당 처마 밑에서 고등어 굽는 바깥주인의 진지한 얼굴을 지켜보고 있다. 그가 처음 고등어구이 할 땐 젊고 머리숱도 많았다는데, 고등어 40년 굽다, 머리카락은 다 빠지고 검은 주름 한가득한 얼굴이 되었다.

한 생애 풍우 세월을 견뎌내고 서 있는 광야의 선지자 같다.

샐러드빵 반 개의 선물

집 앞 제과점에서 셀라킴을 만나, 몇 개의 빵을 놓고 커피 마시고 있다. 샐러드빵이라는 게 맛이 있다. 반을 잘라서 셀라킴 앞에 놓는다. 그는 내가 준 그 반쪽을, 안 먹고 빵 봉지에 잘 싸둔다. '집에 가서 드시려나.'

우리는 얘기가 끝나고 일어난다.

그는 그 샐러드빵 반쪽 싼 봉지를 내게 주면서 말한다. "이거 미스터 농협(남편) 갖다 드리세요. 나이가 들면 이런 별미도 먹고 싶어져요. 내가 노인을 모셔봐서 잘 알아요…."

내가 가지고 온 '그 반쪽 샐러드빵' 셀라킴이 주신 거라면서 남편 옆에 놓아두었는데 어느새 남편이 들었는지 곧 없어진다. 그 샐러드빵 반쪽, 셀라킴의 남편 아끼는 마음이라 기억에 남는다. 마음으로 한 일은 마음에 남는다.

그러나 현대인은 복잡하고 바빠서, 마음의 일은 눈에 안 보이니, 보이는 용건만 해결하면서 대강 살아간다. 그것도 기계가 많이 해버리니, 일상에서 마음의 일, 사라져간다. 그래서 할 일 없는 마음은 '피상적'이 되고 사막이 되어간다.

어느 독자의 일기_ 총소리보다 무서운 것

"브루클린(뉴욕), 내가 사는 이곳은 총소리 끊이지 않고 뉴스를 들어보면 어떤 지역에서 경찰이 죽었고, 총에 맞아 죽은 사람들 이야기가 많이 나옵니다. 한국 사람 안 사는 이곳에 홀로 사는 나는 이런 환경을 별로 신경 쓰지 않습니다. 밤이 되면 밖에 나가지 않으면 되고, 죽음은 외부에서만 오는 것이 아니고 건강상의 이유로 죽기도 합니다.

'정말 무서운 것은 낮에도 홀로 있는 것.' 무서운 고독 속에 사는 사람들이죠. 누군가의 위로와 관심이, 함께 있고 싶은 기대가 마음이 가득하면 우울증이 되는 것 같아요.

내가 자신에게 감사하는 것은 하나님이 함께하심을 믿으며 선교사 리빙스턴이 한 말—사람은 자신의 사명을 다하기까지는 죽지 않는다는 말처럼 소풍하고 나중에 내가 갈 집으로 갈 텐데, 그냥 소풍 나온 것이 아니고 나를 세상에 보내실 때에 내게 맞게 입을 것 먹을 것을 등에 메어서 보내신… 이 세상에서 기쁘게 노래 부르며, 글 쓰고,

크리스천 친구들과 같이 인도자 되신 주님을 마지막까지 따르다가 이제 피곤하니 집으로 가자고 할 때 가면 되는 것이죠.

예수님은 나를 데리고 가실 때까지 한눈팔지 않으십니다. 안전하죠."

총소리보다 더 무서운 건—

'정말 무서운 것은 낮에도 홀로 있는 것. 무서운 고독 속에 사는 사람들이죠.'

'예수님은 나를 데리고 가실 때까지 한눈팔지 않으십니다. 안전하죠.'

필사(必死)적인 믿음으로 사는 독자 글에서 생의 엄숙함, 창조주의 전능하심을 처절하게 공감한다.

미우라 아야코와 TV

셀라킴이 들려준 미우라 아야코 얘기. 일본『아사히신문』 주최 소설 공모에 당선된 아야코의 소설『빙점(氷點)』. 그가 받은 상금은 1천만 엔. 그는 그 상금을 다 교회, 재활원, 요양원에 헌납했다. 그 뒤, 그 작품은 드라마로 각색돼 TV로 방영했다. 자기 소설이 드라마로 방영되자, 아야코는 근처, TV가 있는 친정집에 가서 보았다. 그의 집엔 TV가 없었기에. 남편에게 TV 들이자고 했으나, 그게 무슨 소용 있느냐고 거절해서, 순종했다. 과연 아야코는 세계적인 작가다.

그때 셀라킴이 덧붙인 말. “나 같으면, 내가 천만 엔 상금 받았는데, TV 한 대 못 사요? 하면서 사자고 떼썼을 텐데… 어쩜 그렇게 남편 뜻에 순종하고 친정으로 보러 다녀요.”

“TV 사자고 조르겠다는 당신도 하나님은 귀엽게 보셔요. 순종하든 투정하든 다 어여삐 보셔요. 다 다르게 만드셨는데, 삶의 반응도 다른 것 아니겠어요. 어떤 반응은 좋고 나쁘고, 가 있겠어요. 그렇게 만든 분은 하나님인데. 이렇게 만들어달라고 요청해서 태어난 내가 아닌데….”

셀라킴의 실물교육

동네 제과점에서 만난 셀라킴이 구운 김 3봉지를 다탁 위에 꺼낸다. 기름소금 발라 구운 김 봉지 자르는 방법을 내게 즉석에서 가르쳐준다. 그는 내게 실물교육 시키려고 작고 앙증스런 가위까지 가지고 와서 구운 김을 봉지째 자른다. 손에 기름 묻지 않게. 어디 가서 보니 그렇게 자르더라고, 내게 시범을 보인다. 삶에 서툰 동생에게 가르치듯이.

그날 저녁 집으로 온 나.

경동시장에서 견과류 사가지고 와 허기진 남편 식탁에 셀라킴이 준 김, 잘라 놓는다. 그런데 아까 배운 대로 안 하고 전에 하던 대로 김을 빼서 자른다. 이러면 안 되는데… 하면서, 습관대로 자른다. 습관이란 이렇게 무서운 것. 오죽하면 습관이 성격을, 운명을 만든다고 했을까.

내 마음 주관자인 하나님이 내 습관까지 고쳐주실까? …우리에게 자유의지, 선택과 책임을 주셨는데. 내 나쁜 습관, 내가 고쳐야 한다(주님의 도우심을 간구하면서).

없는 것도 아시고, 있는 것도 아시는 하나님

셀라킴이 오랜만에 미국에서 와, 김치가 먹고 싶었으나 집에서 만든 김치가 없다. 어느 날 셀라킴과 내가 신갈 친구 집에 가니, 거기 김치가 있다. 매운 것 싫어해서 안 먹고 그대로 둔, 누가 정성껏 담가서 보낸 김치 1통. 셀라킴이 그 김치 갖다 밥을 두 공기나 들었다고.

그날, 신갈 친구는 김치 주면서 말한다. "하나님은 없는 것만 아시는 게 아니라, 있는 것도 아시더라고요."

어떻게 우리 집에 김치 있는 것 아시고 김치 먹고 싶어 하는 셀라킴, 보내셨느냐는 말씀. 셀라킴도 말한다. "하나님은 없는 것도 아시지만 있는 것도 아신다고, 명언이네요."

우리가 욕심으로 가지고 있는 많은 것들— 하나님은 다 아신다. 금고 속, 장롱 밑, 아무리 꼭꼭 숨겨놓아도 다 아신다. 주님은 세상 모든 물질의 주인이니까. 그게 없어서 '지금 애타게 허덕이며 사는 사람들이 있는데' 내가 탐심으로 움켜쥐고 있다면 하나님 방법으로 나누게 하실지도 모른다. 하나님이 강제로(?) 나누시기 전, 내가 자원해서 나눠야.

폭풍우 속에 등교한 두 학생

셀라킴이 다녔던 미국 영어 학교 이야기다.

그의 허락받아 그의 글 수첩에서 옮긴다.

"영어 학교 반 정원은 16명입니다. 그 선생님의 반은 인기가 없더니 점점 숫자가 적어집니다. 수업 준비를 안 해오는 것을 학생들은 압니다. 그날은 폭풍우가 부는 날. 학교 갔더니 먼저 온 사람이 있고 나, 두 사람이네요. 선생님이 나를 보더니 화를 내네요. '날씨 안 좋은데 왜 왔느냐?'고. 아니 그건 내가 결정할 일인데.

그녀는 컴퓨터를 하고 우리는 자습 1시간 하다가 일어서는데, 그녀가 다른 사람에게 하는(전화) 소리가 들리네요. '16사람이면 가르치지만 두 사람에게는 가르칠 수 없다'고.

그렇다면 당신은 강의료 받으면 안 되죠. 그리고 우리 한국 사람은 한 사람도 가르치고, 오지 말라는 학교 측 연락이 없으면 학교에 갑니다."

학생이 선생님을 걱정하는 주객이 전도된 이야기다.

글쎄요, 잘한 일인지

셀라킴이 미국에서 영어 학교 다닐 때 있었던 일.

그의 글 수첩에서 또 옮긴다(허락을 받아).

"…영어 교사는 보통 실력이 아니면 가르칠 수가 없습니다. 영어 교사라고 해서 완전할 수는 없고 그렇게 기대하는 것도 무리이지만, 외국인으로 영어를 배우려는 반짝거리는 눈빛, 열심히 공책에 적는 학생들— 나도 학생으로 열심히 적다가 딱 멈췄습니다. 반대되는 말을 적는 칠판에는 'heavy-lite'라고 적었습니다. lite는 광고에 나오는 맥주 이름인데… 이렇게 배운 학생들은 그런 줄 알 텐데… 생각 끝에 종이에 'heavy-light'라고 적어서 선생님께 보여주었습니다. 그녀가 고쳤습니다.

학생들은 내가 적어서 보여준 것이 질문인 줄 알았겠죠."

그는 이런 자기 얘기를 "글쎄요, 잘한 일인지". 하지만 나는 그 얘기 듣고 배운다.

영어 교사 그녀는 학생들의 좋은 인성 교육의 기회를 놓쳤다. 그녀가 그때, 이렇게 말했다면 얼마나 좋았을까.

"잠깐 학생들, 내가 여러분에게 할 말이 있어요. 내가 heavy의 반대말을 실수해서 lite로 적었습니다. 정답은 light인데, 셀라킴이 이걸 쪽지에 적어서 내게 가만히 전했습니다. 내 실수를 덮어주려는 훌륭한 마음입니다.

여러분도 남이 실수할 땐 그 허물을 조용히 덮어주는 지혜를 셀라킴에게서 배우시기 바랍니다. 여러분의 선생님인 나도 배웠습니다… 이렇게 해서, 실수를 해도 당황하지 않고 마음 놓고 살 수 있는 따뜻한 사회가 만들어집니다."

인명재처(?)의 시대

청계천 사모가 보내신 가방이 다음 날 12시쯤 도착했다.

남편이 무슨 가방이냐고 물어서 설명한다.

"당신에게 고등어구이 안 빠지고 가지고 온 셀라킴이 뉴욕으로 가는데 마땅한 가방이 없어서 내가 하나 사 드리려고 했는데, 어느 사모님이 자기 쓰던 게 있다고 했어요.

그 사모가 가방 부치려고 포장하는데 옆에서 보고 있던 따님(카이스트 박사, 남편이 아프리카에 파견된 NGO)이, 내일모레 아프리카로 가려고 새로 산 새 가방을 보내라고 했대요. 자기는 쓰던 가방 가지고 가겠다고…."

나는 여기까지 말하다가 그만 흥분해서 언성이 높아진다.

"여보, 이게 예수 믿는 사람들 사랑이어요. 자기는 안 좋은 것 쓰고 남에겐 좋은 것 주고, 그걸 최고의 기쁨으로 알고 행복해하는 사람들! 놀랍지요. 세상이 감당 못 할 사람들, 기적의 삶을 살아요. 당신도 이 삶에 동참하는 거고요."

남편은 약간 놀라면서도 뭔가 어정쩡한 얼굴. 그 이유를 셀라킴 만나러 가서야 알았다.

내가 가방 받고 감격해서 가방이 온 과정을 남편에게 크게 말했는데 약간 놀라면서도 어정쩡한 얼굴이더라고 하니, 셀라킴은 못마땅한 표정. 약간 고개를 틀면서 싸늘한 표정으로 내게 경고한다. “아바마마(남편)께 큰소리로 말하지 마세요. 그분이 속이 깊은데 여려요. 아무리 좋은 말이라도 큰소리로는 하지 마세요. 그럼 그분 마음이 아파요.”

어느 누구에게서도 못 듣던 내 남편 생각하는 말씀이다.

아내들이 하나님 아는 지식이나 믿음이(?) 남편보다 좀 더 있다고, 남편에게 큰소리치면서 가르치는 것 아닌가. 내 말에 남편 표정이 어정쩡한 건, 내 얘기 속에 담긴, ‘당신은 내 것 다 주고도 기뻐하는 예수 믿는 자의 행복 모르시지요?’ 그의 믿음 적음에 대한 아내의 은근한 나무람이 들어 있어서, 순순히 받아들이지 못하고 어정쩡한 얼굴이었나.

남편을 가르치려고만 하지 사랑으로 이해시키면서 섬기려는 마음은 없다. 요새 남편들은 아내들의 큰소리에 숨을 죽이고 산다.

지금은 인명재처(人命在妻)의 시대이니 그럴 수밖에 없다. 문득 어느 책 제목『꽃으로도 때리지 말라』는 말이 떠오른다. 이 말을, 남편들 목숨을 손에 쥐고 있는, 나를 포함한 무서운 아내들에게 들려주고 싶다.

거저 받았으니 거저 주어라

'따뜻한 사람이 되자'라는 가훈도 있고 '바보가 되자'라는 어느 초등학교 급훈도 있다. 셀라킴의 가훈은 '거저 받았으니 거저 주라' 마태복음 10장 8절 후반절 말씀.

그의 가훈처럼 그는 물질을 아끼지 않고 거저 받았으니 거저 준다. 그러나 대개의 사람들은 내가 수고해서 벌었지 거저 받았다고 생각 안 한다. 내 생명 주인이신 하나님이 어제 내 생명 거둬가셨다면, 오늘 내가 수고해서 돈 벌었겠나. 모든 물질의 주인은 하나님이다.

어느 날, 자기 집에 찾아온 친구에게 셀라킴은 용돈을 얼마 드리려고 했다. 친구가 도착하자, 하나님께 여쭤보니, 수중에 있는 5만 원 다 드리라는 마음 주셔서 그의 남은 생활비 5만 원 다 드린다. 그는 '내일 일을 염려하지 말라'는 성경 말씀을 몸으로 사는 사람이다. 그날 친구 보내고, 그는 빈 지갑으로 혜경 엄마 만나러 왔다. 혜경 엄마는 그에게 한국에 있는 동안 맛있는 것 사 드시라고 봉투 하나 드린다. 그는 거저 주고, 거저 받는다. 주는 것보다 더 많이(?).

아니! 지금 이때에

셀라킴의 '유머 스낵'에서 글 한 편 옮긴다. 링컨 유머는 많지만 이건 내가 보기에 가장 최상급이다.

> "아브라함 링컨은 유머를 즐기는 사람으로 유명합니다. 노예 폐지 성명서 발표를 하기 위해 모인 중요한 회의에서 '아터머스 워드'가 쓴 웃기는 이야기를 뽑아 읽어주었는데, 아무도 웃지 않았습니다. 각료들은 지금이 유머 할 때냐고 쳐다보며 놀라워하는데 링컨이 말했습니다.
> '여러분! 왜 웃지를 못하십니까. 우리가 웃을 때 웃지도 못한다면 긴장에 묻혀서 죽을 것입니다. 나도 물론이지만 여러분들도 웃음이라는 약이 필요할 때입니다.'"

'긴장에 묻혀서 죽을 것입니다.'
스트레스가 많은 이 시대는 '웃음이라는 약이 필요한 때'.
금세(今世)와 내세(來世)를 약속받은 자만이,
항상 웃을 수 있다.

널려 있는 일상을 살아라 1

어제저녁 셀라킴을 삼각지에서 만나, 식당에서 저녁 들고 헤어진다. 나오는데, 종업원 아가씨가 나에게 하는 말.

"이 옷은 젊은 사람이나 어울리는데 잘 어울려요. 모자(야구)도 젊은 사람이나 어울리는데 잘 어울리고. 딸이 미인이겠어요…." 나는 무심하게 듣고 지나쳤다. 그리고 셀라킴과 헤어져서 돌아왔는데, 그의 전화다. 나와 헤어져서 다시 그 음식점에 들어가 나를 칭찬하던 아가씨에게 내 책 한 권 전했다고. "아 그 아가씨가 작가님에게 '딸이 미인이겠어요' 하잖아요. 기 작가님에게 호감 가지고 있으니까, 그 호감 딛고 가서 책 줬지요. 아까 그분이 작가인데 이 책, 그분이 쓴 책이라고 하면서. 거절 않고 읽어보겠다고 받았으니, 오늘 만나서 이게(책 전한 일) 제일 기쁘네요."

셀라킴은 내 책 읽히려고 나선 홍보대사 같다. 그러면서 이런 생각이 든다. '아아 셀라킴은 널려 있는 일상을 놓치지 않고 자연스럽게 잡아, 목적을 가지고 훌륭하게 사시는 분이구나.'

널려 있는 일상을 살아라 2

셀라킴의 출국을 앞둔 전날이던가, 그를 삼각지에서 만나 식당에서 저녁 들고 '커피나라'로 들어갔다. 커피를 앞에 놓고, 갑자기 그가 맞은편 빵 가게로 간다. 소보로빵이라나, 3개 사 들고 와서 종업원인 아르바이트생(여)에게 한 개 주고 우리 둘이 하나씩. 그와 헤어져 집에 온 그날 밤 11시 반쯤, 그에게서 받은 문자. "피곤하지 않으심 전화 주세요."

내가 즉시 전화. 내용은 이러하다.

그는 미국 시민권자라 카드를 안 쓰는가? 오늘 저녁에도 나 만나러 오면서 만 원 한 장 들고 나와서 '아바마마(내 남편)' 드리려고 빵 2개에 5천 원 주고, 남은 5천 원으로 소보로빵 3개(6천 원, 할인해서 5,700원) 사려니, 7백 원이 모자람. 나중에 준다고 하자, 여점원이 종이에 '7백 원 미수(未收)'라고 크게 써서 카운터 옆 벽에 붙여놓았다.

수중에 돈이 모자라면 커피집 알바생에게 줄 빵은 안 사든지, 우리가 한 개를 나눠 먹든지 하지, 7백 원 외상까지 달면서 빵 사가지고 와서 셀라킴은 말한다.

"우리만 빵 먹고 있으면 되겠어요? 저 알바생도 있는데."

나와 헤어져 근처 자기 집으로 간 그는 돈 가지고 나와서 외상값 7백 원 갚고, 다시 '커피나라'로 가서 알바생에게 자초지종을 다 말하고, 가지고 나온 내 책을 주면서,

"…이 책은 아까 당신을 칭찬한 그 작가가 쓴 책이어요, 하면서 '시험 끝나고 보세요' 했어요."

"어떻게 요새 대학 시험 기간인지도 아세요?

정말 매사에 능통하시네요."

날마다 우리 주변에 널려 있는 일상도 그대로 두면 죽은 듯, 그대로 지나간다. 거기에 따뜻함, 사랑하는 마음과 의지를 쏟아부으면 살아난다. 외상값 7백 원 달아놓으면서까지 그 알바생에게 빵을 주려는 셀라킴의 '사람 사랑하는 마음', 좋아하는 작가의 책을 어떻게든 기회 잡아서 한 사람에게라도 더 읽히려는 그의 주도면밀한 '작가 사랑'이 내 뼈에 사무친다.

그는 널려 있는 일상을 목적을 가진, 의미 있는 일상으로 살려낸다. 성경 에스겔. 골짜기의 마른 뼈들이 살아나듯이—죽은 것같이 널려 있는 일상에 사랑이라는 영약(靈藥)을 부으니, 살아난다. "주 여호와께서 이 뼈들에게 이같이 말씀하시기를 내가 생기를 너희에게 들어가게 하리니 너희가 살아나리라"(에스겔 37:5).

굿모닝! 얼마나 상큼한 인사인가

셀라킴이 보낸 문자 편지다.

"기일혜 작가님! 굿모닝예요. 손님 주무시고 가신 후, 제 스케줄 조절해야 될 것 같아서… 이번 12일 금요일 시간 오전 11시 30분부터 오후 1시까지 시간 낼 수 있어요. 만약 혜경 엄마 시간 내기 곤란하시면 기 작가님과 둘이 잠깐 뵙죠. 전번 기다리던 그곳에서…."

"혜경 엄마, 그 시간에 오실 수 있답니다. 그때 가볍게 만나지요. 출국하실 날 가까우니 바쁘시지요. 잘 마무리하시길… 제 문자 편지엔 굿모닝 인사가 언제나 빠졌네요. 늘 용건이 앞서서… 죄송! 아 그리고 당신은 내 호칭을 분명하게 기일혜 작가님 하고, 부르는데, 나는 언제나 호칭도 생략하고… 이것도 미국식으로 말하면 실례가 되겠네요."

나는 상대의 호칭을 잘 생략한다. 나를 내세우지 못하는, 생래적(生來的) 못난 근성, 부끄럼이기도 하고. 용건부터 말하는 건 늘 할 일이 많아서?

'용건만 간단히' 고쳐야 할 내 무례한 습성이다.

평범한 하루 사는 것도 거반 죽는 일

셀라킴과 함께 신갈 친구 집으로 갔다. 우리 집 앞에서 지하철로 가다 환승해서 1시간 가까이 가는 곳. 1년도 넘게 안 만나던 신갈 친구 만나서 대화하고 기도하고, 셀라킴에게 주시는 김장김치도 받고… 다시 지하철에 오른다.

아침부터 내내 'KF94 방역 마스크' 쓰고 다녔더니 멀미가 나려고 해서 지하철 안에서 점퍼 벗고. 집 앞에 내리니 오후 5시쯤. 멀미기가 있는 몸이나 셀라킴이 우리 집 근처, 박 선생님 만나고 싶다 해서(내 책에서 그에 대한 글 읽고) 그의 뜻 따라 근처 꽃집으로 들어간다.

박 선생님이 주시는 생강차 마시고 대화하고 나오니, 저녁 시간이다. 제과점으로 들어가서 저녁은 간단히, '두유에 치즈버거' 들면서 쉬고 있는데, 오전에 방문했던 신갈 친구의 전화다. "집이세요?" "아니요, 지금 밖에서 그분이랑 간단히 저녁 들고 있어요."

"예에! …이 시간까지 집에 안 들어갔어요?"

친구는 놀란 목소리로 반문하더니 끊는다.

셀라킴을 보내고 집에 오니 저녁 8시가 넘었다. 그대로 쓰러진다. 신음 소리만 내면서, 깊은 잠 못 들고. 한 30분(?) 간격으로 깨면서 끙끙 앓는 소리만. 이튿날 아침 친구에게 어젯밤에 쓰러져서 전화 못 드려 죄송하다고 하니, 하시는 말씀. "당신은 선한 사마리아인이요."

"예 뭐라고요?" "아니 그 시간까지 그분과 같이—나 같으면 도저히 못 해요. 당신은 그런 은사가 있으니까 하지, 난 못 해요. 당신은 선한 사마리아인, 다친 사람 여관으로 데리고 가서 치료하고 부비가 더 들면 와서 갚겠다고 한 선한 사마리아인이요." "무슨 당치도 않은 말씀, 나는 어제 그냥 살았을 뿐인데…."

"아 글쎄 당신이 그냥 사는 삶, 나는 도저히 못 산다고요. 당신은 어제 하루를 끝까지 다 살았어요."

사람은 다 다르게, 생긴 대로 살 뿐 누가 낫고 못 하고는 없다. 어제 내가 선한 사마리아인 같다는 건 천부당만부당.

그러나 오늘 아침 내 몸은 어젯밤 죽었다 산 것처럼 얼굴이 부어서 부숭부숭하다. … 평범한 하루, 그냥 산다는 것도 힘든 인생이다. 때로는 거반 죽는 일이다.

성공의 꼭대기에 기버(giver)가 있다

그날 오후 6시 반, 셀라킴이 찾아왔다.

누구네 집 방문해서 받은 아직도 온기가 남아 있는 찰밥을 들고서. 그 찰밥, 내 이웃인 박 선생님 드리려고, 식기 전에 드시라고 급하게 달려왔다. 두 발도 허리도 약한 사람이. 그는 며칠 전에 선물 받은 봄 머플러도 박 선생님에게 드린다. 그는 박 선생님에 대한 글, 내 책에서 읽은 감동을 '즉시 구체적으로 실천'하신다.

그는 내 수필집(44)이 4월 초에 나올 예정이라니, 꽃집 안을 둘러보더니, 아젤리아 화분을 내게 앞당겨서 선물한다. 뭐든지 미루지 않고 즉시 행동으로 옮긴다. 그에게서 배운다. 즉시 나누고 즉시 실천하는 '기버'의 힘을.

"애덤 그랜트의 책 『기브 앤 테이크』, 성공의 꼭대기에 '기버(giver, 주는 사람)'가 있다고 말한다."

더운 찰밥을 급히 들고 오신 셀라킴. 그는 가장 주기 좋아하고, 그것도 가장 즉시 잘 주는 사람이다.

셀라킴은 성공의 꼭대기에 오른 ―기버(주는 사람)이다.

춘삼월에 만나요 1

셀라킴이 어느 날 헤어지면서 내게 말한다.

"다음 월요일(3월 1일), 춘삼월에 만나요."

여운이 길게 남는 그리운 옛말이다.

'춘삼월' 그리운 춘삼월에 나는 누구를 찾아갔지…?

예정한 춘삼월 초하루, 그날을 설레면서 기다린다.

그날 입을 봄옷은, 인디언 핑크 얇은 패딩 반코트에 연록, 연황색 섞여 누벼진 롱스커트. 어디서 얻은 옷인데 마땅히 입을 기회가 없었다. 그날, 셀라킴은 차분한 연보라색 보드라운 점퍼에 분홍 머플러.

그와 꽃집 박 선생님 댁으로 갔다. 박 선생님 꽃집은 새벽 꽃시장에 가서 막 안아온 꽃향기가 물씬했다. 대화는 주로 셀라킴과 박 선생님. 박 선생님이 차 준비하러 간 사이에 노래 잘하는 셀라킴이 나를 향해 노래 한 소절 부른다.

"봄처녀 제 오시네…." 내가 봄처녀 같다는 건가.

영어도 능숙한 그녀는 헤어져 돌아가는 길에 이런 문자 편지도 보냈다.

"오늘 너무 예쁘셨어요. You are so beautiful! 서울역 예요."

춘삼월에 봄옷 단장하고 외출했다 한껏 부풀어 돌아온 아내에게 87세 남편은 말한다.

"누가 81세라고 하겠어. 소녀구만 소녀."

내 설레고 부푼 모습을 보고, 하는 말이다.

셀라킴이 던진 '춘삼월' 한마디가 나와 내 남편에게 새봄의 설렘을 선사한다. 코로나로 웃을 일 없는 우울한 3월에 웃음을 주는 풀꽃다발. "우리 춘삼월에 만나요!"

춘삼월에 만나요 2

'춘삼월에 만나요.' 셀라킴이 내게 한 얘기 듣고, 혜경 엄마는 감탄한다. 그 뒤 어느 날.

'춘삼월에 만나요'를 시(詩)적으로 받아서 감탄한 혜경 엄마와 나, 셀라킴과 셋이서 우리 동네 제과점에서 만났다. 오전 11시. 그런데 셀라킴이 갑자기 오후 일정이 잡혀서 일찍 가고, 혜경 엄마도 자꾸 피곤하다면서 내가 대접하겠다는 점심도 마다하고 돌아갔다.

춘삼월 두 번째 만남은 이렇게 허전하게 끝나고 말았다.

허전한 마음에, 꽃 같은 내 열아홉의 춘삼월이 생각난다.

사범학교를 갓 나온 그해 3월 초, 내가 새로 부임한 시골 초등학교 환영회. 61년 전이다.

그날 학교 일 하는 아저씨 따라서 간, 신임 여선생인 나를 환영하는 시골 식당 방. 방 안 가득 교사들이 앉아 있는 비좁은 방은 어둡고(?) 음식도 내가 먹기에는 불편한 것들.

거의 안 먹고, 회식이 끝나고 학교로 돌아가는 길은 제

법 큰 내를 건너야 했다. 물살이 있는 큰 내는 섭 다리도 없고 큼직한 돌이 10여 개 이상 놓여 있었는데, 잘못 디디면 냇물 속으로 빠질 지경. 아슬아슬하게 징검돌을 건너면서, 언니가 준 비로드 치마에 양단 저고리, 비닐 구두 바닥에서 미끄러지던 나일론 스타킹 신은 발.

그러나 내가 미끄러운 비닐 구두보다 더 실망한 건, 시골 음식점의 어두움이나 거친 음식보다 어느 교사의 속(俗)스런 대화였다. 나라고 뭐 속스런 데가 없을까만 그때, 열아홉 춘삼월, 사범학교 갓 졸업한 순진한 여선생에겐 절망 수준이었다. 그러나 잘 참아냈다. 나는 더 형편없는 속물이라는 것을 깨달은 지금까지… 꿈같은 내 춘삼월은 그때나 지금이나 없다. 산천초목이나 흐르는 고향의 맑은 시냇물 속에나 있을까?

인생은 다 허무하게 허전하게 끝나고 만다는 걸 가르쳐 주는 춘삼월이다. '연분홍 치마도 금방인데' 세상 무엇이 오래 아름다울 것인가. 춘삼월도 금방 허무하게 날아간다.

고등어구이와 더운 밥 한 팩

셀라킴은 금요일 오후 5시면 식당에서 고등어구이 두 마리 사 들고 집 앞 제과점으로 오신다. 내가 고등어구이 거절했다가 사과하고 다시 받을 만큼 그의 정성은 사람이 손댈 수 없을 정도. 어제도 그가 식당으로 고등어구이 사러 갔는데, 마침 여주인이 더운밥을 푸더란다. '아바마마(내 남편)가 이 고등어구이에 더운밥 들면 얼마나 좋을까' 하고, 자기도 모르게 "더운밥!" 하니, 여주인이 "왜, 드릴까요?" 해서 "주면 좋지요." 그렇게 해서, 얻어온 더운밥.

'이 고등어구이에 더운밥 들면….' 이 말속에 작가 남편 생각하는 그의 맘이 다 들어 있다. 아내인 나도 더운밥 보고 남편 생각 못했을 것. 고등어구이 생각은 더 못하고.

그날, 그가 가지고 온 고등어구이(두 마리), 더운밥 한 팩, 고급 김밥 2줄, 트지 않은 파래김 한 봉지, 돼지감자튀김, 쌀튀밥 등. 그는 무거운 것 들면 안 되는, 팔과 다리가 아주 약한 사람인데, 손에 들고 등에 메고 왔다.

사랑은 '자신을 뛰어넘게 하는 힘'이라는 말을 절감한다.

셀라킴의 부탁

셀라킴과 요즘 우리 집 앞 제과점에서 자주 만난다.

어제는 나 만나러 오면서 그가 가지고 오신, 남편 위한 부식 간식 등이 셀 수 없이 많았다. 어느 효심 많은 딸이 이렇게 챙겨올까. "기 작가님이 오래 글 쓰려면 '미스터 농협'이 건강해서 계속 장 봐다 줘야 해요… 우리 아버지가 일찍 결혼했으면 '미스터 농협' 나이(87세)면 지금 나 같은 딸이 있지요."

셀라킴의 말은, 그가 딸처럼 내 남편을 섬기는 인간적인 이유도 된다.

그는 비행기 이륙 전까지 '아바마마(내 남편)' 잘 섬기라고 부탁한다(문자 편지로).

구체적인 세부 사항까지 지침으로 주었다.

"밤 9시면 무릎 꿇고… 남편 손 잡아주고 기도하고.

오늘도 잘 참아줘서 고맙습니다, 하세요. 평생을 참아줬는데 그걸 못 해요." "알았습니다."

밤에 전깃불도 안 켜는 사람

청계천 사모가 여행 가방과 함께 보내신 옷 중에서 내 마음에 드는 연하고 연한 분홍색 패딩 조끼. 이 옷이 가장 잘 어울릴 친구가 생각나서 그를 만나서 드린다. 그리고 헤어진 날 밤에 그에게 옷이 맞을까? 궁금해서 그에게 전화한다.

"낮에 드린 그 연분홍 패딩 조끼, 입어보셨어요?"

"아니요, 낮에 입어보려고요. 안 입어봤어요."

"그러세요. 그럼 내일 아침에 입어보셔요."

나는 전화를 끊고 한동안 정적 같은 침묵 속에 잠긴다. 친구가 전기요금 아끼려고 밤에는 불을 잘 안 켜고 지낸다는, 언젠가 슬쩍 지나가면서 하던 그의 말이 생각났기 때문이다. 지금도, 세계 10위 권쯤 된다는 경제 국가인 내 나라에 이런 생활이 있다. 내 친구가 그렇게 산다. 나는 책상 위 전등 조명을 낮춘다. 처처에 있는 내 삶의 스승님들.

가난한 사람들은 언제나 내 이웃에 있다.

이 막막한 슬픔을

셀라킴 보낸다고 생각하니, 막막한 슬픔에 앞이 잘 보이지 않는다. 그의 부실한 몸과 그가 날마다 만드는 극도의 가난이 내 막막한 슬픔이다. 그는 매일 하루분의 만나를 먹듯 하루만 살면 끝나는 사람처럼, 있는 것 다 드려서 이웃을 섬긴다. 가난한 친구에게 남은 생활비 다 드리기도 하고, 어느 날은 누가 준 금방 한 더운 찰밥 들고 내게 뛰어왔다. 약하디약한 발로 지하철 환승해서, 내 책에서 본 박 선생님 드린다고. 셀라킴은 하나님이 기일혜에게,

'너, 정말 가난 만드는 게 뭔 줄 아니— 이웃을 내 몸처럼 사랑하는 게, 내일 일을 염려 않고 사는 삶이 어떤 건 줄 아니?' 내 앞에 본보기로 데려다 놓으신 것 같다.

그가 한국에 머무는 동안, 내게 많은 깨달음 주시고 그리고 큰 슬픔 남겨주고 떠났다. 누구와도 잘 못 헤어지는 내게, 오래 안 만나야 그리워진다는 말 한마디 남기고.

그는 사람의 정을 십자가에 못 박은 사람. 나는 아직도 정을 십자가에 못 박지 못하고 울먹이는 인간적인 사람이다.

2부

내 이름으로, 부동산 하나도 안 갖겠다는 사람

외나로도 특파원이 보낸 평상(平牀) 이야기

돈으로도 살 수 없는 희귀한 평상(平牀)이 있다는 걸 아시는지요? 그 평상이 지금 고흥 외나로도 어느 할머니 댁에 있습니다. 어떻게 만들어진 거냐고요. 이웃에 사는 조갑숙 님이 옛날에 교회였던 집을 오래전 구입했는데, 이번에 대대적으로 집수리하면서, 그 공사 중에 만들어진 평상이랍니다.

10여만 원 자재비 들여, 집수리하려고 부른 기계, 기술자가 있어서 만들어진 거랍니다. 그 기계, 기술자들 새로 불러서 만든다면 평상 값은 어마어마해지겠지요. 그러나 그런 것보다 더 귀한 건 이웃 가난한 할머니께 평상 만들어 드리려는 갑숙 님 부부의 마음입니다.

그 뒤, 어느 날 갑숙 님 남편이 보니, 그 할머니가 갑숙 님 밭둑에서 쑥을 캐더랍니다. 그런데, 나중에 보니, 쑥은 안 캐고 갑숙 님네 밭 김매기해주신 것. 그 할머니는 사랑의 빚 갚을 길 없어서 몸으로 김매기했대요. 코로나도 무서워서 도망갈 뉴스 아닙니까…? 외나로도 특파원(?) 조갑숙 님이 보낸 올봄의 기쁜 소식입니다.

티안이 좋아하는 떡 사가지고

티안(초교 3년)이 올해 외국인 학교에서 집 근처 한국 공립 학교로 전학했다. 티안 부모는 아들에게 다양한 친구, 학습 경험시키려고 전학시켰나. 얼마 전 3월 개학 날, 아이는 처음으로 선생님과 친구들을 만났다. 전학해서 처음 간 학교 첫인상을 엄마가 물었다.

"오늘 처음 학교 가보니, 어때?" 아이 대답은 이랬다.

"선생님은 코브라 뱀 같고 나는 쥐새끼 같았어."

요즘 애들 가르치려면 처음부터 무섭게 잡아야 한다고, 선생님은 코브라같이 무섭게 대했을까? …이건 내 생각이고, 다른 동생은 그 애(티안) 느낌이 천재적이라고 극찬.

아이에겐 무서운 선생님, 인자한 선생님, 무심한 선생님, 다 필요하다. 어떤 환경이든 경험하고, 어떤 선생님이든 만나면서 애는 풍부하게 깊게 자라겠지. 부모가 잘 도와만 준다면… 전학 간 학교에서 떨지 말라고, 이모할머니인 내가 할 일은 '티안이 좋아하는 떡, 사가지고 가는 일.'

나무가 많은 티안네 집

티안(10세, 질녀 아들)네 집에 오랜만에 동생과 함께 갔다. 떡 좋아하는 티안이라, 떡집에서 여러 가지 떡을 사가지고.

그의 집은 많은 나무가 있는 정원이 넓은 집. 마당가에는 노오란 수선화가 무더기무더기 피어 있다. 티안, 안나(티안 여동생)는 정원의 큰 나무들을 오르내리고, 집 안에서도 거의 팔딱팔딱 뛰어다니면서 생활한다. 내가 사가지고 간 떡을 맛있게 잘 먹는 티안. 그림도 잘 그리고 손으로 뭘 잘 만들어서, 만든 걸 컴퓨터와 연결해 무슨 음악에 맞춰 움직이게 한다. 놀라운 아이디어. 티안을 맘껏 칭찬해주고 오는데… 내가 빠뜨린 스마트폰, 티안이 들고 달려온다. 미안해서 내가 말한다. "다음에 올 때 또 떡 사가지고 올게."

"그럼 몇 년 있다 오세요."(내가 자주 떡 사가지고 오면 돈이 드니, 몇 년 있다 오라고.) "그럼 나더러 자주 오지 말라고."

"떡 사지 말고 그냥은 오세요."

열 살 아이가 이모할머니를 섬세하게 배려한다. 사람 인격력의 핵심은 배려하는 마음. 질녀가 아들 잘 키우고 있다.

안나 아빠가 마련한 정원의 식사

티안네 집에 떡 사가지고 간 날. 어린이집에 다니는 안나(6세)는 별말이 없이 얌전히 앉아만 있다. 내 관심은 온통 티안에게만 가 있었으니까. 언젠가 한번 안나를 만났을 때, 외할머니인 동생이 내게 인사하라고 해도 안나는 완강하게 외면하던 일이 생각나서 나도 애써 안나를 피하고 있었다고나 할까. 조심하느라고… 내가 돌아오면서는 안나에게 "안나는 무슨 떡을 좋아하지?" 하니, 기다렸다는 듯이 "꿀떡 쑥떡 송편 무지개떡" 한다. 나는 안나에게 약속한다.

다음에 올 때는 꼭 네가 좋아하는 떡 사가지고 오겠다고.

그 뒤 동생에게서 온 전화. "언니 떡 사가지고 빨리 가야겠어. 안나가 손꼽아 기다린대." 그래서 노트에 적어놓은 안나가 좋아하는 떡을 찾아본다. '꿀떡 쑥떡 송편 무지개떡.'

그날 오후, 동생과 같이 떡집에 들렀는데 무지개떡은 없다. 특별히 주문해야 있다고. 다른 떡을 더 사가지고 안나가 다니는 어린이집으로 갔다. 감기 기운이 있고 열이 있어서 안나는 아빠가 일찍 데려갔다고(안나 엄마는 치과의사).

동생과 나는 안나 집에 떡만 전해주고 오려고 갔다(안나가 열이 있으니). 나는 안나 집 대문 밖에 섰고 동생이 들어가서 떡만 전하고 나온다고 했는데, 동생이 안 나온다. 오늘은 직장에 안 나간 티안 아빠가 우리를 들어오라고 한다.

티안 아빠는 버선발로 뛰어나와 나를 반긴다고나 할까. 가려는 손님을 붙잡으려고 얼른, 정원 간이 식탁에 고기 굽는 불판부터 꺼내놓는다. 그리고 곧장 집 앞 마트로 뛰어가서 가스 사고. 두꺼운 불판에 손바닥만 하게 두툼한 고기 세 도막 얹고, 집에 있는 씻어진 상추 깻잎 양념 된장소스까지 갖다 놓고. 이 준비가 순식간(?)에 이뤄진다.

손님을 환대하려고 애쓰는 그의 마음은 정말 눈물겨울 정도. 그가 얼마나 빨리 식탁 준비해서 손님을 즐겁게 하려고 하는지, 안나 아빠는 마당과 거실 사이, 디딤돌이나 계단을 소년처럼 맨발로 뛰어다니면서 준비한다. 젊은 남자에게서 보기 드문 겸손하고 수줍은 얼굴로, 손님인 나를 이렇게나 환대하는 안나 아빠!

그가 성심성의껏 신속히도 준비한 식탁은 내 기억에,

아니 평생에 아름다운 정원의 식사로 남을 것이다.

고향 집 정원을 가슴에 안고 사는 남자

근면하고 생활력 강하면서도 겸손한 수줍음이 있는 안나 아빠. 사람 마음을 꿰뚫어 보는 예리한 시선은 겸손함에 싸여서 수줍음이 되었나… 동생에게 둘째 사위(티안 아빠)를 칭찬하니, "서투르니까 그래" 한마디만 하고 만다.

그때, 해도 기울어지는 오후라, 정원 식탁에 놓인 고기 좀 드시라고 하니, 그는 아내가 직장에서 오면 든다고 사양한다. 내가 정원 나무들을 좋아하니, 그는 스마트폰에서 꽃이 핀 고향 집 정원을 보여준다. 남자들도 고향 집 정원을 가슴에 안고 사는가. 어머니 안고 살듯이.

아파트는 답답해서 뜰이 있는 집에서 산다는 티안 아빠. 봄이면 노란 수선화가 피고 가을이면 담장 위 넝쿨에서 머루가 익어가는 집. 지금 아이들은 나무 위에 앉아서 놀고, 아빠는 정원에서 손님 대접… 가정(家庭)이란 집 가(家)에 뜰 정(庭). 가정에는 뜰이 있어야 한다.

그러나 나무가 있는 뜰, 없어도 괜찮다. 사랑과 기쁨이 있는, 마음의 뜰만 있으면 아이들은 행복하게 잘 자란다.

세상은 무엇으로 돌아가나

몹시 추운 겨울날 아침, 내가 승강기 앞에 섰는데 어떤 청년이 포장으로 싼 기다란 기계 등을 옆에 잔뜩 세워놓고 계속 허리를 문지르고 있다. 내가 묻는다.

"아니 청년이 왜 허리가 아파요?"

"청년 아니어요. 중년이어요."

중년이란 말에 충격받은 나. 승강기 앞에 있는 공사 도구들을 먼저 싣도록 한다.

"나는 시간 있으니 맘 놓고 천천히 다 실으세요."

그는 25층 집 공사에 필요한 기계들이라면서 다 싣는다. 내가 또 청년에게 묻는다.

"근데 왜 그렇게 허리를 문질러요?"

"며칠 전에 무거운 걸 들었더니 아프네요."

"그래요, 어머니 마음이 얼마나 아플까?"

"어머니한테는 말 안 해요."

"그래요. 어머니는 아들이 아프면 더 아프고, 아들은 어머니 마음 아플까 봐 말 안 하고… 이런 따뜻한 마음들이 있어, 세상은 그래도 이렇게 돌아가는 거지요."

곧 승강기 안. 그때, 추워서 두른 내 긴 털실 목도리 한 자락이 청년이 세워놓은 어떤 기계 틈에 낀다. 청년은 순간적으로 자기도 모르게 "아이쿠, 아이쿠" 기계에 낀 털실을 얼른 빼내려고 한다. "괜찮아요. 내가 뺄게요."

털실이 기계에 끼자, 마치 자기 어머니 목도리 실이 끼인 것처럼 '아이쿠, 아이쿠' 하면서 급히 털실 빼내려고 하던 청년. 승강기 안이 다사로워진다… 그의 아픈 허리가 빨리 나아야 할 텐데.

용서라는 게 이렇게 좋은 것이네요

오늘 오후 한 친구가 계란 한 판을 들고 찾아와서, 하는 말.

"…어젯밤, 용서해줘서 맘이 편안했어요. 용서같이 좋은 게 어딨어요. 예수님도 우리를 용서해주셨지요…."

어젯밤, 그는 내게 전화하기로 약속했었는데, 자기 몸이 안 좋아서 전화 못한 걸 용서해줘서 고맙다고 한다.

어젯밤, 몸이 안 좋아서 전화 못한 게 그리 큰 잘못인가?

전화 못한다고 미리 내게 알렸는데, 그게 용서까지 받을 잘못인가. 어쨌든 자기 사정으로 전화 못한 걸 자기 잘못으로 여기는, 신앙의 절대 양심에서 하는 말이다.

이런 일로 계란 한 판 사 들고 내 집까지 와, 용서해줘서 고맙다고 말하는 사람 있을까… 그의 천진한 모습 보면서 내 영혼 깊은 데서 번지는 슬픔… 이른 봄이라 바람이 찬데, 그의 옷이 얇아 보인다. 세파에 지친 그의 순진무구한 얼굴, 물끄러미 바라본다. 세상 살아내기 어려운 생명이구나. 뭘 도와드릴까? …내가 할 수 있는 일이라면 뭐든지 도와드리고 싶다.

빈손으로 보내도 괜찮은 사람

어제 오후. 계란 한 판 사 들고 나를 찾아온 젊은 친구.

어젯밤 일, 나한테 잘못한 게 없다고 아무리 말해도, 기어코 자기 잘못을 용서해줘서 고맙다고 찾아온 친구.

나는 잘못으로 안 여기는 일을, 그는 잘못했다고 용서하라는, 예수님 같은 말씀에 당황해서 그에게 아무것도 못 드리고 빈손으로 보냈다. 전번에 뭘 들고 오셨을 때도 그냥 보냈고… 그런데 빈손으로 그를 보내고도 내 마음이 편하다.

부모 형제도 자녀도 그냥 보내고 나면 안 편할 것인데… 도대체 이 편한 마음은 무엇이란 말인가… 며칠을 두고 생각하고 나서야 알았다. 그는 현실적인 계산을 못하는 영적인 사람이다. 그를 빈손으로 보내놓고도 이렇게 편안하다고.

그는 빈손으로 가는지도 모르고 그냥 갔을 것. 빈손으로 가는 그의 맘이 편안하니까 나도 이리 편안한 것. 내 맘 같은 분, 내 맘에 합한 분… 다윗은 하나님 마음에 합한 사람이라고 한다.

내 이름으로, 부동산 하나도 안 갖겠다는 사람

오랜만에 정죽 님께 안부 전화한다.

그동안 많이 아프셨다면서 울먹이는 목소리로 말씀한다.

"4월은 슬픈 달이어요. 오늘은 남편이 가신 날이어요. 큰 아들이랑 막내(?)하고 산소에는 갔다 왔어요. 가신 지 10년 동안 이렇게 슬프네요. 오늘도 새벽부터 슬퍼하고 있어요."

"그럼 제가 갈까요. 점심이나 같이 들어요."

"나는 괜찮지만 작가님은 할 일이 있으니까 안 돼요. 조심해야(코로나) 해요. 국가가 하라는 말을 들어야지요… 나는 매일 밤 하나님께 기도해요. 오늘 밤 데려가셔도 됩니다. 나는 죽음이 조금도 무섭지 않아요. 죽을 준비 다 됐습니다… 오늘 낮에 아들이 온다고 했어요."

"지난번 코로나로 우환 교민에게 천만 원 보낸 그 아드님이 오셔요?"

"예… 그 아들이 뭐라고 한 줄 아세요. 온 나라가 부동산으로 찢어지고 난리인데, 평생 자기 이름으로는 부동산 하나도 안 갖겠대요. 그 애는 지금 집도 없어요. 걱정이 되기는 하지요. 그럼 아들이 뭐라고 한 줄 아세요. 어머니 무슨 걱정을 하세요. 임대주택도 많고 전세도 많고 사글세도 많은데, 그래요." "이 땅에 하나밖에 없는 아드님이네요."

"그리고 아버지 가시고 나서, 우리 아버지 참 훌륭하다고 해요. 유산을 하나도 안 남겼으니까. 그러면서 우리가 이렇게 사는 것은 다 아버지가 그렇게 사셨기 때문이라고 하네요." "슬퍼하지 마세요. 그런 아드님을 두셨는데."

"나 이제 안 슬퍼요. 당신이 오늘 딱 맞게 전화했네요… 아들이 점심 산다는데, 어머니 위해 돈 쓰면 미안하고 어렵지요. 내가 그러면 아들은, 어머니 은혜, 돈으로는 못 갚는다고 그래요."

"나라가 부동산으로 찢어지니까, 나는 내 이름으로는 부동산 하나도 안 갖겠다—집도 없는 사람이… 아드님 얘기 들을 때마다 부끄럽고, 많이 배우게 되네요."

아들을 잘 가르치기가 어려운 일인데, 정죽 님은 아드님 세 분을 잘 가르치셨다. 그리고 가신 지 10년이 지나도 아내에게 애절한 사모함 남기고 가신, 천국에서 기다리는 훌륭하신 남편, '김 선생님'이 있고….

'4월은 슬픈 달이어요.'

인생이 아름다운 건 슬픔이 있어서일까.

선생님 글은 꿈입니다

며칠 전 어느 분을 만나서 대화할 때다. 문학에 대해 일가견이 있는 그와 대화하다 자연스럽게 내 소설에 대한 얘기도 나왔다. 내 소설 추천한 선생님의 내 소설평에 대한 얘기를 그에게 하자, 그는 내가 예상 못한 말을 들려준다.

"선생님 글은 꿈입니다. 비현실이고."

내 글을 '환상적이다, 비현실적이다'고만 들었지, 이렇게 한마디로 내 작가성(作家性)을 규정짓는 말은 처음 듣는다.

그의 말 들으면서 어떤 전율 같은 걸 느끼면서 말한다.

"아주 정확하게 봤어요. 나는 한마디로 꿈이고 비현실이어요. 그러니까 이 현실을, 일상을 살지요. 현실을 속속들이 알면 피하고 안 살지요. 모르니까 살지요."

현실, 그 가시덤불을 실감 못하기에 반복해서 뛰어든다. 가족들이 전적으로 울타리가 되어주기도 하지만… 나는 꿈이라는 감미(甘味)를 입혀서 일상이 지루한 줄 모르고, 꿈처럼 살아가는가… 내 꿈은, 예수님의 영성을 지향하기에 나는 예수님 말씀대로 살기도 한다.

그 노파에게 드린 소고기 한 팩

코로나로 세상이 얼어붙은 겨울날, 친구 남편이 돈 20만 원, 아내에게 주면서 말한다.

"동네 어려운 분들에게 고기라도 사다 주소."

이런 일 남편 평생에 처음이라 친구는 놀란다. 친구네 형편도 넉넉하지 않은 터라 더. 그래서 더욱 감사하게 받았다. 가장 먼저 찾아간 이웃은 생활비 아끼려고 떡집에서 일 거들어주고 떡집 구석방에서 자는 '그 노파'.

언젠가 "고기가 먹고 싶어요" 하던 말이 생각나서, 친구가 햄버거 반쪽 들고 갔던 그 노파. 햄버거 맛있게 먹고 천국에서도 생각나겠다고 한 그 할머니다. 그날도 그 할머니가 생각이 나서 친구는 소고기 한 팩 사 들고 또 갔다.

춥고 가난하고 불안한 이 코로나 시대, 소고기 한 팩이라도 사 들고 어려운 이웃, 찾아가는 사람이 있다. 신자(信者)의 양식은 의, 평강, 희락이라 했지만(로마서 14:17) 땅에 있는 육신은 고기도 먹어야 산다. 친구 남편 얘기 듣고 내가 말한다. "당신 남편은 참 훌륭한 사람이네요."

저게 샤갈 그림인가?

눈이 온 날 아침. 온 세상이 포근하고 마음도 포근하게 온화해지는 아침. 남편이 내게 아주 포근하고 온화한 목소리로 묻는다. “이게 샤갈 그림인가?”

“아니어요, 모네 그림이어요… 저쪽에 있는 그림이 샤갈 그림이어요.” 남편 물음에 대답하는 내 눈이 금세 반짝인다. 남편이 내가 좋아하는 그림에 관심 보낸다는 건 내게는 큰 즐거움, 내 아침이 눈부시다. 남편이 새삼스럽게 젊고 아름답게 보인다.

부부가 취미를 공유한다는 건 얼마나 복된 일인가. 늙어갈수록 더, 대화가 풍부해지고 윤택해질 것. 요새는 남편이 자기 방에서 신문이나 가끔 책(?)을 본다. 뭘 읽고 있으면, 그 모습을 보는 것만으로도 편안해진다. 내가 다시 젊어지는 기분. ‘배우고 읽기’는 인생 최고의 매력. 더 최고 매력은 이야기, 대화다. 그 사람 이야기 속으로 들어가는 건 그 사람 사랑 속으로 들어가는 일. ‘늙어선 말 안 해도 다 안다고?’ 말을 하면 더 많이, 깊이 알고 더 사랑하게 된다.

항상 그리운 선생님

서경선 님이 보낸 편지글을 가끔 떠올린다.

"항상 그리운 선생님!!!"

이 짧은 편지글 한 대목을 떠올리기만 하면, 내 마음이 아늑해지면서 행복해진다. 아무리 들어도 아무리 시간이 지나도 그 여운이 가시지 않는 참 눈물겨운 말이다.

내게도 항상 그리운 선생님이 있을까…? 중국 소주, 질녀가 사는 아파트 정원에서 만난 어느 청소부 할아버지의 한없이 인자하면서도 애잔한 미소… 가끔 그리워지는 모습이다… 누구에게 그리운 사람이 된다는 건 두려운 일. 그 그리움에 합당하게 살아야 해서 그럴까.

부족한 인간은 오래 안 만나야 그리워진다고 하니, 항상 그리운 사람은 내게서 항상 멀리 있는 사람. 마음으로만 만나는 사람 아닐까. 그러나 하나님은 멀리서 그리워하는 분 아니다. 내 마음속에 나와 함께 내주(內住)하시는 분이다.

"내 안에 거하라 나도 너희 안에 거하리라…"(요한복음 15:4).

순한 영혼을 길러내시는 분

예향(藝鄕) 광주 하○인 님. 그는 예향 광주, 라는 말이 어울리는 시성(詩性) 넘치는 아름다운 분이다.

언젠가 그가 보낸 문자 편지다. "작가님 『오래 살면 아름다워진다』 마지막까지 읽고 나니 너무 늦은 시간이어서 문자 드립니다. …책 제목이 좋아요. 무언가 맑은 위로가 느껴지는 듯. 「어느 날의 편편상(片片想)」 설레는 마음으로 조심스럽게 보았어요. 글은 동화처럼 고운데 저 아닌 것 같은 부끄러움, 그 상앗빛, 아주 오래도록 깊이 간직하겠습니다. 이런 비밀 창고(「어느 날의 편편상」)를 선물해주셔서 감사해요… 순한 영혼을 길러내시는 작가님이 계셔서 감사하고 고마운 이른 아침입니다."

'순한 영혼을 길러내시는…' 이 한마디가 이 글을 쓰게 한다. 누군가의 말 한마디에도 내 온 마음이 간다. 말 한마디, 글의 토씨 하나도 그 사람, 그 글을 쓴 이의 영혼이기에.

그러나 '순한 영혼을 길러내시는 분'은,

사람인 나도 아니고 오직 하나님 한 분뿐이시다.

선생님 앞에서는 쫄아가지고

"…선생님 앞에서는 쫄아가지고 문자 못해요. 선생님 앞에서는 작아만 져요." 고향, 영숙 님의 전화 받고 내가 꼭 해드리고 싶은 말이 있어서 여기에 쓴다.

" '쫄아가지고' 내게 문자 잘 못해도 돼요. 내 책을 친정 오라버니한테 전해서, 내 글이 '하늘이 내려줘서 쓰는 글'이라는 말씀 듣게 했으면 돼요. 얼마나 여동생을 신임했으면 동생이 권하는 책 읽고, 그 저자에게 전화까지 했을까요.

한 가지 더 드리고 싶은 얘기는 '맞춤법 틀린 문자가 더 따뜻하고 사랑스럽다' 저는 그런 작가입니다. 서툴고 미숙하고 못할수록 사람답잖아요. 사투리 한마디가 얼마나 많은 우리 인생의 사연을 품고 있는데… 그대로 사셔요. 쫄지 마시고. 이 글은 순전히 당신 말, '쫄아가지고'의 매력에 끌려서 쓴 글입니다… 불가사의하게 맘씨 고운 모정순 님, 신기하리만치 다재다능한 구정임 님, 우수 인간인 제자 병희 님에게도 보고 싶다는, 안부 전해주십시오."

그들은 모두 주 안에 있는, 내 사랑하는 형제들이다.

숟가락 하나만 들고 오세요

서울 교외에 사시는 친지와 통화한다. 친지의 얘기를 듣고 있다. "…지금 딸이 코로나로 재택근무인데, 아버지 모시고 안과에 갔어요. 남편이 백내장 수술을 해서…."

"그래요, 그럼 어서 점심 준비하셔야겠네요. 12시가 다 되어가는데… 요새는 입맛이 없어요. 지금, 내가 숟가락 들고 날아가서 당신 식탁에 앉고 싶네요. 당신은 내가 좋아하는 시골 음식 잘 만들잖아요."

며칠 뒤, 그 친지의 전화, 처음 전화는 못 받고 나중 전화 받는다. "아까 전화했어요. 받으면 '작가님 숟가락만 들고 오세요' 하려고 했는데… 집으로 오시라고 하면, 대중교통이라 안 되니까(코로나19로) 내가 모셔오고, 모셔다드릴까 하다가, 그것도 안 되면 내가 밥하고 반찬 장만해서 차에다 싣고 가서 전해드리고 올까도 했어요… 작가님이 숟가락 하나만 들고 우리 집 식탁에 앉고 싶다고 했다, 했더니 남편이 뭐라고 한 줄 아세요. '그 귀하신 분이 우리 집에서 밥을 잡수시겠다니, 얼마나 고마운가. 내가 오늘 외출할게 빨리 오시라고 해서, 점심 잘 대접하라고' 하고 나갔어요."

"세상에 그러셨어요. 어쩔까, 어쩔까…."

이 벅찬 감정으로 나는 도저히 점심 못 먹는다. 그리고 코로나로 외출도 금하고 있고. 나는 이 말만 한다. "점심 해가지고 우리 집 절대 오지 마세요. 절대 오지 마세요."

"어제 캐다 놓은 냉이도 쑥도 있는데…."

"그걸로 남편 잘 대접해드리세요."

"그런데 어쩌지요. 재미가 싹 없어져 버렸으니! …."

"힘들여서 점심하는 수고를 즐거움 재미로 여기시는구나. 그래서 도스토옙스키는 이 세상에서 가장 큰 행복은 희생이라고 했어요. 내 점심 준비해서 가지고 여기까지 오겠다는 마음도 일종의 봉사 헌신, 헌신도 사람의 큰 행복이지요."

"그건 그래요."

친지와 나는 점심밥 얘기하다가 '헌신, 희생이 최고의 행복'이라는 수준 높은 대화에 이르면서 통화는 끝난다.

친지가 한 말이 남는다.

'그런데 어쩌지요. 재미가 싹, 없어져 버렸으니….'

인생의 참 재미, 행복은 헌신, 희생에 있다는 걸,

그 친지의 무의식이 말해주고 있다.

연분홍 치마도 금방인데

어느 지방 독자(시인, 82세)의 전화 얘기다. "…지금까지도 그 글(기일혜 수필) 속의 연분홍 치마 느낌이 남아 있습니다. 시편(성경) 90편에 세월이 날아간다는 말이 있어요. 생각하면 마음이 서늘하고 인생이 서글프더라고요. 지금도 그 느낌이… 인생은 연분홍 치마도 금방인데, 이 마음을 시로 써보고 싶은데 제목을 '봄날의 연정'이라고 할까, '봄날은 간다'로 할까…?" "'봄날의 연정'은 많이 들어본 제목 같고 '봄날은 간다'는 너무 알려져서 새롭지 않고. 아까 독자님이 '인생은, 연분홍 치마도 금방인데…' 하셨지요. 그 '연분홍 치마도 금방인데'가 좋은데요." "…좋네요." "연분홍 치마도 금방인데… 봄날의 짧은 연정, 인생의 허무까지 들어 있어요. 이 제목으로 시 쓰시면… 내 책에 낼게요."

"나는 목적을 가지면 시를 못 써요."

"어머나 진짜 시인이시네요."

내 수필집(45집) 제목 후보 하나가 그 시인의 허락받고 정해진다. '연분홍 치마도 금방인데.'

구두끈 위로 떨어지는 눈물

어디서 읽은 글이라고 어느 독자(82세)가 내게 들려준 이야기다. 허랑방탕한 아들을 둔 아버지가 목사님인 형님에게 부탁한다. 아들 사람 좀 되게 좋은 말 한마디 해달라고.

형은 동생 집으로 가서 그 조카와 사흘 밤낮을 같이 지낸다. 사흘 동안 큰아버지는 조카와 별말도 않고 같이 놀아만 준다. 바둑도 두고… 마침내 사흘이 지나고 큰아버지가 가려고 현관에서 구두 신을 때, 구두끈이 풀어져 있다.

큰아버지는 조카를 부른다. 조카가 와서 큰아버지의 구두끈을 잘 맨다. 그때 구두끈 위로 눈물이 뚝뚝 떨어진다. 뭐가 뚝뚝 떨어지나 하고 조카가 보니, 목사 큰아버지가 흘리는 눈물. 그는 조카에게 말한다. 나는 너만 했을 때 더 허랑방탕하게 지냈다. 내가 너에게 무슨 말 할 자격이 있겠느냐. 아무런 할 말이 없다. 그리고 큰아버지는 갔다.

그 뒤 조카는 변해서 사람이 되었다고 한다. 사도 바울도 만년에 자신을 죄인 괴수라고 했는데, 사람이 사람에게 무슨 교훈의 말 하겠는가. 그를 보듬고 눈물 흘릴 뿐이다.

고춧가루, 어디 가서 사지?

4~5년 전, 가락동 시장, 친구의 단골집에서 고춧가루 사고. 그 뒤, 친구가 딸네 집에서 얻어다 준 고춧가루, 동생들이 준 고춧가루로 안 사고 지냈다. 한 해만 묵어도 고춧가루는 맛이 없다는데, 맛도 모르고 먹고 산다. 사람이 절박하면 더운 줄도 추운 줄도 모르고 살듯이, 항상 무엇엔가 치열하게 살아야 하니까. 전기세 아끼려고 밤이면 불을 거의 안 켠다는 내 친구도 있다. 생존하기도 무서운 이웃이 있는 세상. 내가 어찌 의식주 제대로 갖추고 살 수가 있나… 그 아끼던 고춧가루가 떨어져 간다. 고춧가루 산다는 게 두렵다. 가짜가 많다고 하니. 어디 가서 살까?

어느 날 "고춧가루 어디 가서 사지?" 혼잣말하니까 남편이 "청계산 가게에서 고춧가루 팔던데." 그동안 고춧가루 떨어진다고 내가 몇 번 중얼거려서 남편도 알고 있다. "청계산 가게에 나도 많이 갔는데 고춧가루 안 보이던데, 주부인 난 모르고 당신은 알고, 아이구 재밌어라! …."

넉넉한 삶보다 빠듯한 삶에 사람 사는 재미가 더 있다.

너의 어머니가 쓴 글을 읽고

책장, 책과 책 사이에 엽서 한 장이 끼어 있다.

노적가리 밑에 아이가 앉아 있는 정다운 그림엽서다.

30여 년 전, 아들 친구가 아들에게 보낸 빼곡히 쓴 엽서다. 가슴 뭉클하다. 한 군데만 옮긴다. "○○에게… 시간이 이렇게 무섭게 질주하고 있다. 오랜만이구나. 법대생으로서의 1년은 어떻게 지내는지 궁금하다. 선거에 너 또한 바쁘지 않나 모르겠다. 오늘 진학 문제로 상담실에 갔다가 1월『수험생활』이 나왔기에 읽다가 너의 어머니의 글을 읽게 됐다. 못 만났던 친구의 소식을 소위 문명의 이기(『수험생활』)를 통해 뜻하지 않게 접하게 되니 기뻤고 특히나 어머님의 쓰신 글에 감동 같은 마음의 흥분을 느꼈다… 언젠가 네가 '난 그렇게 열심히 공부 안 했는데…' 말한 것이 기억난다. 그 뒷말의 해답을 알 것도 같다. 모쪼록 큰 보답을 드려야 할 너인 것 같다…."
내 글, 내 언행은 무엇을 통해서든 아들에게 전달된다.

한 어머니로서 심각하게 두려운 일.

자녀는 또 다른 하나님이라는 말이 있다.

당신에게 말할 비밀이 있는데

동생이 수삼을 꿀에 재서 가지고 왔다. 그걸 사나흘 먹었는데, 오늘 아침은 알아보게 안 어지럽다. 얼마 동안 어지러워서 글도 못 썼는데. 너무 기뻐서 소파에 앉아 있는 남편 귀에다 대고 이건 비밀이라고 하면서 속삭이려고 남편 가까이 간다. 남편 표정이 거부하는 듯,

내 얘기 들을 자세가 아니라 돌아선다. 참는다. 끝까지 말 안 하려다가 못 참고 식탁에 앉은 남편에게 말한다.

"내가 지금 당신에게 말할 비밀이 하나 있는데…."

들을 의향이 있느냐고 묻는다. 남편은 마음으로 손사래를 치면서 말한다.

"비밀은 무덤까지 가지고 가는 거야. 말 안 하는 거야."

"그렇게 큰 비밀도 아니고 말해도 괜찮은 건데, 당신에게 기쁜…." "그래도 안 하는 게 좋아. 비밀이니까."

남편 마음을 추측하건대 내가 하는 말이 다 이해하기 곤란하고 골치 아픈 것들이라, 미리 방패막이 하는 것 같다.

그날 저녁 식탁에서 나는 못 참고 또 말을 꺼낸다.

"당신, 내가 말하려는 비밀 알고 싶지 않아요?

다 당신한테 유익한 건데…."

"어디 말해보라고. 1억짜리 적금이라도 탔느냐고?"

"예에? 나는 돈이 10원도 없는 사람인데 무슨 적금을… 실은 아침에 당신 귀에다 대고 말하려고 했는데, 당신이 들으려고 안 해서… 나 오늘 새벽 4시부터 일어나서 아침 9시까지 글 썼는데 안 어지러워요. 이보다 더 큰 '굿 뉴스'가 어디 있어요? …동생이 준 꿀에 잰 수삼 며칠 먹었더니 그런가 봐요. 오늘 하루 한 번도 안 어지러웠어요."

남편은 별로 놀라지도 않는다. 1억 적금 탔다는 얘기가 아니라서 그런가.

"경동시장에 가서 수삼 사 와야겠구먼. 꿀은 어디서 사야 하지…" 하는 말만 하고 별로 안 기뻐한다. 비밀도 알릴 적당한 때가 있는가. 하루 동안 뜸 들이다 보니 평범해졌다. 그새를 못 참고 비밀은 내 맘에서 어디로 새 나갔나. 아아 새 나가기는 했다. 혜경 엄마가 전화해서 얘기해버렸으니까. '비밀은 외출하고 싶다'는 친구 소설 제목이 생각난다.

황량한 날 오후에 받은 황홀한 선물

몹시 추운 날, 동생 만나러 지하철역으로 갔다, 옷 얇게 입었다고 동생에게 야단맞고 들어와서 옷 단단히 입고 다시 나간다. 무국 끓이려고. 청계산 가게에서 무 3개, 시금치도 사고. 아파트 입구로 들어서니, 보기 좋은 풍경이 펼쳐진다. 애들(5~7세 정도) 한 일고여덟이 킥보드 타고 빙빙 돌고 엄마들은 둘러서서 보고(지키고) 있고. 아파트가 훈훈해진다. 젊어진다. 한 엄마가 공손히 내게 인사한다. 마스크 써서 못 알아본 나, "누구시더라, 고마워라! …."

순간적으로 내 마음 전부가 그에게로 빠져나간다. 그를 잘 몰라봤기에 더 진하게 빠져나간다. 참으로 이상한 일. 사람이 반갑게, 공손히 인사하면 순간 기분이 황홀해진다….

집에 와서 남편에게 그 젊은 엄마를 자랑한다. 남편은 내가 말하는 주제에서 약간 빗나간다. "102동 1, 2라인에 아이들이 많더라고." 빗나가도 좋다. 고개를 끄덕끄덕, 한없이 너그러워진다. 낯선 젊은 엄마의 다정하고 공손한 인사가 춥고 쓸쓸한 내 황량한 겨울 오후를 황홀하게 감싸준다.

윤진숙 여사의 독특한 책 읽기

아침에 거실로 나가니 남편이 말한다. "아까 누구하고 전화했어? 당신 웃음소리가 너무 커. 방문 닫고 있는 내 방까지 들리던데, 나는 괜찮지만 이웃에서 들으면… 입을 막고 웃으라고." "예 조심할게요… 그런데 안 웃게 생겼냐고요? …어제 말한 그 무학여고 졸업하셨다는 윤 여사님(84세), 그분 독후감이… 내 글 읽으면서 바깥 선생님(남편)이나 사람들 관계에 방해는 안 놓고 가만히 끼어든대요. 상대방 입장에 가보기도 하고, 들어갔다 나갔다 하면서 자신을 뒤돌아보고, 들여다보고. 그리고 하나님 말씀 깨닫고 후회하고를 반복한대요… 그런 독후감, 그런 표현은 없었어요. 내 글 속에 몰래 끼어들어 방해는 않고 보이지 않게 동행이 된다 하니 얼마나 재밌어요. 내 글 속으로 들어가서 살아요.

그러니 나도 모르게 크게 막 웃었어요. 처녀 때부터 D일보 보는데, 새벽 4시면 신문이 와, 나가서 소독약 찍찍찍 뿌리고 가져온대요. 대강 훑어보고 필요한 건 깊숙이 보고. 옆에는 국어사전, 성경이 놓여 있고. 멋있는 노년이지요?"

안타까운 난독의 시대

"…안타까운 난독(亂讀)의 시대에 일부러 아름다운 문장을 찾아 낭독한다. 지구 반대편, 낯선 통찰이 내 몸을 공명한다. 책을 읽는 건 앉은 자리에서 가장 멀리까지 가는 일이다. 오랜 세월 책을 읽는 것이 어째서 학습의 기본이 됐는지 자주 생각하는 요즘이다."

어느 소설가의 글이다. 독서가 멀어지고 그야말로 '글 읽기보다 스마트폰 보는 시대'에 이 소설가는 아름다운 문장을 일부러 낭독한다고…. 나는 카프카의 작품을 읽으면서 프라하 거리를 돌아다녔고, 도스토옙스키 소설을 읽으면서 러시아의 옛 수도 페테르부르크 뒷골목까지 따라다녔다. 언젠가 어느 독자가, 내 수필집 『내가 졸고 있을 때』를 노트에 써 내려간다는 얘기 듣고 민망해한 적도 있고.

'…안타까운 난독의 시대에 일부러 아름다운 문장 찾아 낭독한다'는 소설가도 있다. 나는 내가 쓴 글, 교정보면서 수십 번 읽는다. 진실하고 아름다운 문장을 위하여.

꽃과 사람은 다르다

"자세히 보아야 / 예쁘다 // 오래 보아야 / 사랑스럽다 // 너도 그렇다." 모르는 사람이 거의 없는 국민시가 된 나태주 님의 「풀꽃」 시다.

꽃집 박 선생님이 내게 들꽃같이 생긴 작은 청색 꽃 두 송이를 주었다. 집에 가지고 와서 들여다본다. 꽃잎이 얼마나 정교한지 자세히 볼수록 예쁘고 오래 볼수록 사랑스럽고 신비롭다…. 사람은 그렇지 않다. 사랑해서 만난 부부도 가까이서 자세히 보면 예쁘기는커녕 밉살스럽고, 오래 보고 있으면 사랑스럽기는커녕 역겨워질 때가 많다. 어느 분이 말씀하신다. '세종대왕 이순신 멀리서 보니까 훌륭하지, 같이 살라고 하면 골치 아프다고.'

사람은 단순한 꽃이 아니고 복잡 오묘한 신비 덩어리다. 그래서 단순한 신비인 꽃을 좋아하는가. 그래도 부부가 오래 살다 보면 상대가 쌓인 세월만큼 정이 들면서 가엾어지고 긍휼지심이 생긴다. 연민이나 긍휼지심은 예쁘거나 사랑스럽다는 감정보다 훨씬 넓고 깊다. 오래 간다.

상추 팔아요

얼마 전, 남편이 청계산 채소 가게에 들르니,

여주인이 말한다. "상추가 안 자라네요."

남편, "기다리고 있으면 더 안 자라요. 잊어버리고 있어야지. 언제쯤이나 상추가 나올까요?" "4월 10일쯤이나."

오늘, 4월 13일 청계산 채소 가게 여주인에게서 문자로 소식이 왔다. "안녕하세요. 오늘부터 상추 팔아요."

"고맙습니다. 상추 키우느라 수고하셨어요… 오늘 상추 선물 받으러 갈게요."

'상추 팔아요.' 상추가 상품인가? 실망한다. 그래도 '상추 선물' 받으러 가겠다는 답글 보내고, 실망한 자신, 애써 달래본다. 상추는 상품 아니고 흙과 햇빛, 물이라는 자연이 준 선물. 그 자연의 주인은 하나님. 그러므로 상추는 하나님이 주신 선물… '상추 팔아요'에 움츠러든 마음으로 상추 가게로 간다. 여주인의 환한 얼굴을 보니, 움츠러든 내 마음이 싹 가셔서 집으로 와, 동생이 준 강진 쑥절편 갖다 드린다. 얼굴 마주 보고 얘기하는 건 이토록 중요하다.

강진 쑥절편 먹고 싶어요

동생이 강진 쑥절편을 만들어서, 집 앞 지하철역에서 내게 건네주면서 말한다.

"…언니 강진 바닷가에서 뜯은 쑥인데, 떡집 아저씨가 말하더라니까 강화 쑥이냐고. 강진 바닷가 쑥이라고 하니까, 이런 쑥은 보약이라고 하대(동생은 2박 3일로 강진 갔다 옴)."

"떡집 주인은 쑥만 보아도 좋은 쑥인지 아닌지 알아보는구나." "그래 이 쑥, 재숙 씨(강진 동행한 친구)가 삶았는데, 한약 냄새가 나더래… 향란 님이 전화해서, 내가 쑥떡 얘기했더니 먹고 싶다 해서… 부개역으로 나오라고 해서 줬어."

"어머나 향란 님, 사랑스럽다,

먹고 싶다고 좀 달라는 말도 하고."

아이처럼 달라고 하니, 얼마나 사랑스러운가. 사람 관계는 자존심이 망친다. '나 좀 도와주라, 내가 잘못했다. 거짓말했다, 용서해라.' 얼마나 아름다운 말들인가. '그리움, 하염없이, 달빛' 이보다 훨씬 뼈가 있게 아름다운 말이다.

상대의 마음으로 파고 들어가는 힘—힘 있는 말이다.

이 과일칼을 버리라고요?

내가 칼이 안 든다고 했던가, 며느리가 듣고 주방용 칼을 여러 개 사다 준다. 큰 칼, 작은 칼, 가벼운 칼, 묵직한 칼, 손잡이가 연녹색인 칼, 일본 칼, 독일 칼 등… 이 많은 칼 중 나는, 날이 좀 떨어진 가벼운 과일칼을 애용한다. 날이 떨어진 것 안 쓰는 남편이 쓰는 칼은 다른 새 걸로 내놓았고….

오늘 아침 남편은 날이 떨어진 그 칼 버리라고… 손에 익고 편한, 날이 떨어진 칼 나는 안 버리겠다, 하고. 남편이 못마땅한 채, 부부의 언쟁은 끝나고 만다. 지금 저 칼을 버려야 할지 계속 써야 할지… 참 별거 아닌 일로 아내는 고민.

취향 다른 부부가 함께 살기, 쉽지 않다. 젊을 땐 서로 바빠서 일상에서 덜 부딪히는데, 한가한 노년엔 사소한 일로도 부딪힌다. 날이 떨어진 칼 버리자니 아깝고, 쓰자니 남편이 싫어하고. 고민 중… 고민할 게 뭐 있나? 남편 취향 따르면 남편 맘 편하고 아내 맘도 편한데. 내 취향이란 일종의 버릇. '물건 못 버리는 버릇' 그거 버리는 게 그리도 아깝나.

어느 음악인 독자에게 부탁하는 글

몇 년 전 어느 독자와 내가 주고받은 글이다.

"선생님… 가슴이 뛰웁니다. 선생님의 문자만 봐도 쿵쿵거리는지 알 수 없습니다… 언제 뵐 수 있을까요? …선생님의 40여 권의 책을 읽으며 선생님이 좋아하는 부류의 사람에 대해 연구(?)하게 됐습니다.

어찌하면 선생님과 편안한 만남을 이어갈 수 있을까… 정답은 못 찾았지만 어렴풋이 알겠어요. 선생님, 선생님의 글을 기대하고 바라고 밑줄 치고 눈물 흘리면… 저는 10년을 못 봬도 선생님을 사랑하는 애독자입니다. 부족한 저를 기억해주심만으로 충분히 행복한 사람입니다."

"당신이 내 옆에서 한 달만 같이 살아본다면, 나에 대한 환상이 싹! 싸악… 가셔질 것입니다."

이런 글을 주고받은 지 1년이 지나간다. 오늘 화창한 봄날, 그 음악인 독자가 생각나서 그에게 부탁한다(이 글로).

"꽃 피는 이 봄날, 당신은 집에서 무얼 하실까?

전에 주신 글에 대한 책임감으로 내게 침묵하고 계시는가요? '10년을 못 봬도 선생님을 사랑하는 애독자입니다. 저를 기억해주심만으로 충분히 행복한 사람입니다.'

이런 약속, 책임감 때문에 나에게 침묵하시나요?

이런 약속, 책임감 다 뛰어넘으세요. 버리세요. 그런 유한한 것들 위에 자유함, 사랑이 있습니다. 독자님, 언제라도 전화 주셔요. 코로나가 풀리면 만나기도 하고요. 독자님의 저에 대한 과대평가가 무섭기도 하지만 그 과대한 환상 없애기 위해서라도 만나야지요.

이 봄날, 제게서 자유하세요. 진리, 사랑 안에서 자유하시라는 말씀입니다. 우리는 진리이신 예수님 안에서 풍성하게 자유로운 생명들. 이걸 무엇이 뺏겠습니까?

약속했다 못 지킬 수도 있고, 안 만난다고 했다가 만날 수도 있고, 미워했다가 사랑할 수도 있고— 사랑은 모든 허물을 다 덮어버리고 감싸 안습니다. 무엇이 예수님의 사랑 안에서 우리를 잠시라도 끊겠습니까? 자유, 자유하십시오."

추석 전날 위대한 사람

내 젊은 친구(60대)는 코로나로 이번 추석 안 쇠기로 하고 시댁 식구들이 모여서 며칠 전에 성묘도 갔다 왔다.

맏며느리인 친구는 이번 추석엔 좀 쉴까 했는데, 시설에 있는 장애우 시동생(50대) 데리러 가야 했다. 그곳으로 운전하고 가면서 내게 한 전화다.

"…지금 그분(시동생, 50대) 모시러 가요."

"어제 그렇게 피곤했다고 하시면서도…."

"저는 필요에 의해서 움직이는 사람이어요."

"아무리 피곤해도 '남의 필요'가 우선이라고 말하는 당신은 오늘 참 위대하시네요. 당신은 지금 위대한 삶을 살고 있어요." "…추석 끝나고 한번 뵈어요."

'…저는 필요에 의해서 움직이는 사람이어요.'

그의 힘없는 목소리가 추석 안날 내 마음에서 떠나지 않는다, 그 '필요'라는 건 '예수님 사랑의 필요'라는 말.

사람 사랑으론 장애우 시동생 데리러 가기 불가능한 몸이지만 예수님 사랑으로 간다는 말씀. 처음엔 다른 시동생이 그 장애우 시동생 데리러 간다, 했는데, 무슨 일로 못 가게 돼서, 과로로 지쳐 있는 형수가 대신 간다.

그 일을 다시 맡았을 때, 친구는 약속 못 지킨 다른 시동생에게도 이렇게 말했단다. "그럴 수도 있지요. 제가 갈게요."

무슨 사유로든 약속 못 지킨 시동생도 친구는 어머니처럼 받아주고, 지금 시설로 장애우 시동생 모시러 간다. 가면서 내게 전화함은 내가 그의 맘을 알아줄 것 같으니까… 이게 성도의 교제다. 내 맘을 알아줄 것 같은 사람, 나 알아주는 사람 하나만 있어도 살 힘이 나는 인생이다.

3부

돈보다 책이 더 좋다는 사람

살구꽃이 피면은

무심코 누른 TV 어느 채널에서 이런 노래가 흘러나온다.

"살구꽃이 필 때면 돌아온다던 내 사랑 순이는 돌아올 줄 모르고… 순이 찾아가야 해…." 화면 배경은 분홍 살구꽃이 환하게 피었고 노래하는 가수도 환하게 웃는 인상.

살구꽃이 피면 난 '누구를 찾아가 볼까…?' 아무도 없다. 찾아가야 할 우정도 애정도 없이 살았나, 나는 지금 찾아갈 순이 같은 사람도 없고. 남편도 찾아갈 사람이 없다고 하고… 내가 지금 찾아갈 사람 없는 건 혹시 나를 많이 잃어버리고 사는 것 아닌가. '잃어버린 나' 찾아야 하지 않을까…. 사도 바울은 예수님 만난 후, 자기가 가진 세상적인 모든 고급 한 것들, 다 배설물로 여기고 진정한 자아, 참 자신을 찾았다. 그가 예수님 만나고 찾은 자기의 본모습은 '죄인 괴수'. 바울이 그렇다면, 나 같은 사람은 '죄인 괴수 중의 괴수' 그런 나를 용서하시고 사랑해주시는 하나님.

생각하면 못 참을 일 없고 못 사랑할 사람 없을 것 같다. 그런데 안 된다. 내 사랑 아닌 하나님 사랑으로만 된다.

소리 질러! 소리 질러!

하루는 TV 보다가 어느 채널로 돌리니, 계속 노래만 하고 있다. 무슨 노래 경연인데, 어떤 남자 가수가 노래 부르다 갑자기 "소리 질러! 소리 질러!" 열광한 관중들이 큰 소리로 화답한다. 출연자와 관객이 하나 되어 즐긴다.

나는 그들을 바라보고만 있고… 사람의 즐거움도 가지가지구나. 살구꽃이 피면 순이 찾으러 가는 사람도 있고, 조용히 창밖의 매화꽃 보면서 눈물 글썽이는 사람도 있고… '잃어버린 나' 찾아가는 사람도 있고. 누가 낫고 못하고는 없다.

다 다를 뿐.

삶의 과정은 비슷하게 보이나, 그 궁극인 죽음 이후는 다르다. 어떤 이는 죽음 뒤, 영벌(永罰)의 삶을 살기도 하고. 어떤 이는 죽음 너머 삶, 영생을 얻어 살기도 하고.

"내가 진실로 진실로 너희에게 이르노니 내 말을 듣고 또 나 보내신 이를 믿는 자는 영생을 얻었고 심판에 이르지 아니하나니 사망에서 생명으로 옮겼느니라"(요한복음 5:24).

매화꽃보다 더 중요한 게 있다

아침에 음식 쓰레기를 버리러 나갔는데 아파트 정원에 매화꽃이 피었다(3월 2일). 처음엔 작년 가을 남은 잎이 팔랑거리는 건가, 가까이 가서 보니 매화꽃 몇 송이가 피었다.

뭔가에 쫓기듯 향기도 못 맡고 들어와서 아픈 친구에게 "매화꽃이 피었어요!" 하고 나니, 마음은 어딘가로 꽃 보러 나가자고. 그러나 그 마음 다독이고 집에서 하루를 보낸다.

매화꽃보다 더 중요한 게 지금 있다. 나는 글을 써야 한다. 글 쓰는 공간을 더 편안하게 만들려고 동향 방에 놓아 둔 긴 식탁을 내 북향 방으로 옮긴다. 컴퓨터와 책이 놓인 책상 옆으로 기역 자 되게 놓고, 책들, 노트들, 글 쓰는 도구를 사용하기 편하게 늘어놓으니 글 쓰는 공간이 넓게 편안하게 만들어진다. 시원하면서도 그윽하게 뭔가 은밀해지고… 새로운 공간 하나가 만들어진 내 창작의 산실에 깊은 만족감. 매화꽃에 비할 것인가. 지금은, 꽃 보는 설렘, 눈물 글썽이는 감성도 접고 글 써야 할 때. "내겐 지켜야 할 약속과 잠들기 전 가야 할 길이 있다"(로버트 프로스트).

재능은 네 것이 아니다

"재능은 네 것이 아니다." 전설이 된 스페인의 첼리스트 파우 카살스(1876~1973) 아버지의 가르침이다.

"…카살스는 일찍이 천재적인 재능을 보였지만, 부모의 능력으로는 뒷받침을 해줄 수가 없었다. 그러자 음악 후원자로 유명한 대귀족인 데 모르피 백작이 카살스를 마드리드로 불렀다… 그리고 매일 오전마다 3시간씩 백작이 직접 문학 철학 역사 수학 미술 외국어 등을 가르쳤다. 백작은 '세상에 대한 충분한 이해에서만 완벽한 예술가가 나온다'라고 말했다… 그렇게 카살스는 음악가를 뛰어넘는 인물이 되었다. 그는 '나는 음악에만 빠져들 수 없다. 음악이란 다른 목표를 위해 봉사하는 것이어야 한다'고 말했다…"[박종호(풍월당 대표)의 「문화일류(一流)」에서].

중요한 것은 재능이 아니다. 그 재능으로 무엇을 하느냐가 문제다. 카살스는 자기의 음악을, 재능을, 이웃을 사랑하고 돌보는 데 봉사했다. 그는 그렇게 성실하게 97세까지 살았다. '성실하게 사는 사람이 수명 길다'라는 말도 있다.

나는 가난한 남자의 아내다

"어린 카살스는 무명 음악가인 아버지에게 처음 음악을 배웠다. 반면 어머니는 귀족 출신이었다. 명문가의 딸인 어머니는 가난한 음악가 남편을 만나서 결혼하자, 가지고 있던 좋은 옷들을 모두 이웃에게 나누어주고 자신은 평생 값싸고 수수한 옷만 입었다. 나중에 성공한 아들(카살스)이 어머니에게 좋은 옷을 입으라고 하자, 어머니는 '너는 부자지만, 나는 가난한 남자의 아내다'라고 말했다"(박종호, 「문화일류」에서).

카살스 어머니가 아들 카살스에게 들려준 말.

나는 내 아들들에게도 꼭 들려주고 싶다.

'너희는 부자(?)지만 나는 가난한 남자(학교 선생님)의 아내다.' 내 이웃에 가난한 사람이 있는 한, 나는 가난을 만들면서 산다… 나는 평생 가난하게 살아서인지 지금도 좋은 옷과 좋은 음식은 불편하다. 나는 수수한 옷과 소박한 음식이 편하다. 편하다는 건 대단한 내 평화요, 내 자유로움이다.

장례식장에서 만난 승우 할머니

승우 할아버지가 돌아가셨다. 장례식장은 일산 M대학병원. 승우 외할머니인 동생과 조문 갔다. 다른 동생은 일이 있어서 빠지고. 일산은 우리 집에서 먼 거리라 동생 아들인 조카 차로 갔다. 코로나로 조문이 제한돼 있지만 그래도 어렵게 조문 간 것은 승우 아빠를 생각하고…. 우리 자매들을 두 번이나 중국 소주, 청도로 초청했고 그러고도 "언제라도 오셔요" 하는, 한없이 너그러운 그의 마음에 대한 답례로.

그러나 그보다 내가 가고 싶은 이유는 승우 할머니다. 동생 통해서 들은 승우 할머니인 사부인을 꼭 만나보고 싶었다. 어떤 분이 승우 아빠 같은 아들의 어머니일까? 하는 궁금증도 있었고.

그 사부인은 내 예상대로 마음 그릇이 크시고 온화해서 더운 김 모락모락 나는 우리네 어머니들 같은 분. 내 어머니는 예민한 수줍음이 더 있다면 그 사부인은 풍부하게 다정한 심정이 넘쳐나시고, 그걸 자연스럽게 표현하신다.

도량이 넓고 품이 크면서도 따뜻한 어머니, 나도 모르게 안겨들고 싶은. 실제로도 그 사부인과 나는 자연스럽게 조심스럽게 얼싸안았다.

조문 마치고 내가 일어나는데 얼른 못 일어난다. 동생 손 붙잡고 겨우 일어났다. 나는 일행들이 저녁 식사하는 상 앞에서 30분 동안 내내 무릎 꿇고 예(禮)를 갖추고 앉아 있었다. 상장(喪章)을 단 승우 아빠에 대한 내 무의식적인 예의였다.

조문 마치고 돌아오는 길. 일산에서는 인천 동생 집 가는 길이 가까워서 동생 먼저 내리고 다시 서울로 가니, 한 시간도 더 걸려, 약간 차멀미가 나고 어지러웠다. 조카는 길가에 차를 세우고 쉬었다 가자고 하나, 견딜 만해서 쉬지 않고 집에까지 왔다. 조카는 우리 집 옆 상도동에 산다.

나는 약간 멀미하면서도, 조카가 들려주는 재미있는 '자기 딸' 얘기를 들었다. 그 얘기가 바로 44집에 실린 「아홉 번째로 밀려난 아빠」라는 글이다.

작품 하나도 내가 고통 하면서 살지 않으면 안 되고, 더 중요한 건 의도적이어선 안 된다는 것. 내가 글 쓰려고 승우 할아버지 조문 갔겠는가. 승우 아빠, 할머니 만나고 싶다는 마음(사랑)이 먼저다. 그런 맘으로 살다 보면, 그 삶에서 남은 이야기가 글이 되기도 한다. 글이 안 되기도 하고.

효정이네 집 식탁의 아보카도

중국에서도 살기 좋은 곳 소주에 질녀 효정이 살고 있을 때, 우리 세 자매들이 갔다.

거기서 아보카도를 실컷 먹었다. 거기서도 비싼 과일인데 효정이는 매일 아침 싱싱한(?) 아보카도를 식탁에 올린다. 아보카도와 계란부침을 김으로 싸서 먹으면 부드럽고 감미롭고, 그 향긋함이 아무리 먹어도 안 질린다. 서울에선 감히 사려고 엄두도 못 내는 아보카도. 중국 남쪽 어디에서 밤새 차로 실어 온다는 아보카도를 아침마다 먹게 해준 질녀 효정이… 어느 외국 대학 교수의 아보카도에 대한 글이 있어서 유심히 본다. 효정이를 생각하면서.

> "이런! 사흘 전에 사온 아보카도에 반점이 생겨버렸다…. 어제 먹었으면 완벽했을 아보카도는 게으름 부린 단 하루 새, 쓴맛 나는 검은 반점을 속살 가득 품고 나를 놀리듯 바라본다. …숙성의 시간이 중요한 아보카도, 바나나, 망고 같은 식재료가 아니더라도, '적당하다'는 말

은 내게 수수께끼다. 적당히 떠들고, 적당히 먹고, 적당히 노는 법을 아는 사람이 있긴 할까? …"(조진주, 바이올리니스트, 캐나다 맥길대 부교수).

필자는 '적당하다'는 말은 수수께끼 같아서 삶에 적용하기가 어렵다고 한다. 내게도 '적당히'는 어려운 말. 적당히 일하고, 적당히 쉬고, 적당히 말하고… '적당히'를 측정하는 기계도 없고… 그러나 하나님은 우리의 모자람, 과도함도 다 아신다. 우리는 피조물, 토기장이가 자기 쓰기 좋게 토기 그릇 만들듯, 나는 토기장이(창조주)가 쓰시기에 적당하고 보시기 좋게 만들어진 유일무이한 한 개의 '적당한—토기 그릇'. 감사하면서 내 모습 이대로 살아가련다.

내 모습 이대로 자연스럽게 사는 게 '적당하게' 잘 사는 것이라고 생각한다.

그때가 정말 그리워지는구나

며느리 생일날 아침, 남편이 말한다.

"오늘이 며느리 생일이네…."

바쁜 아침 시간 피해서 며느리에게 전화하니 안 받는다. 문자로 생일 축하 편지 보낸다.

"오늘이 네 생일이다. 꽃다발 들고 너 찾아가던 때가 그립구나…. 가슴 설레면서 꽃을 고르고, 마음 떨면서 아름다움에 젖어 있었는데… 그때가 정말 그리워지는구나.

어서 그런 날이 다시 오기를!

가장 싱싱하고 아름다운 금어초 꽃다발 한 아름 안고 널 찾아갈, 그런 날을 간절하게 기다리면서,

너를 사랑하는 마음 가득 담아 보낸다… 어머니가.

(지금… 내 눈에 흥건히 고이는 눈물은 너에게 보내는 내 마음이다.)"

좀 유치한 말 같으나 유치한 것이 인간적,

나는 유치함에도 용감하다.

(다른 며느리 생일엔 만나서 같이 점심 들고. 두 며느리 사랑, 두 아들 사랑처럼 똑같다.)

며느리 사랑은 시아버지다

"며느리 사랑은 시아버지"라는 옛말이 있다. 그런데 요즘은 시어머니들이 젊은 며느리들을 더 이해하고 배려한다고 한다. 순발력 있고 섬세해서 그럴까. 시아버지들은 가부장적 환경에서 자라 표현 잘 안 하고 덤덤하다. 그렇다고 며느리 사랑하는 마음, 시어머니보다 못할까?

며칠 전, 남편이 나를 불러서 보라고 한 편지 내용.

"둘째 딸(○○)의 생일을 축하한다. 힘들고 어려운 일도 견뎌 이겨내면 웃음꽃 핀다. 건강 유념… 아버지가."

둘째 며느리 생일날, 못 만나므로 잠깐 들른 아들 편에 부치려는 축하금 봉투에 적은 글. 나는 얼마나 놀랐는지… 어머! 어머! …어머 소리만 한 7번은 했을 것. 그런데 나를 또 감동시키는 남편 말, "큰 며느리한테는 첫째 딸이라고 해야 하는가, 큰딸이라고 해야 하는가?"

아직 큰며느리한테는 축하금, 못 보내고 있다. 내가 축하글만 보내고(코로나로). …글은 마음. 오래 살다 보니 정 들었나, 며느리를 딸이라고 자연스럽게 말하는 남편이 고맙다.

할 말이 없는데 전화했어요

지금은 용건이 있어야만 전화하는 시대, 용건도 없는데 전화하면 사람들은 싫어한다. '바빠 죽겠는데 용건도 없이 전화나 하고….' 어느 날 한 친구가 전화했다.

받아 보니 이렇다. "오늘은 하루 종일 비(겨울비)가 오고… 할 말이 없는데 전화했어요."

"잘하셨어요. 할 말 없는데 전화하는 건 마음으로 하는 거라 더 귀한 전화지요." 그날 그 친구와 많은 얘기했다. 그가 할 말 없는 게 아니고 할 말이 너무 많았다.

나도 할 말 없을 때, 전화하고픈 사람이 있나? 내가 용건 없이도 전화하는 사람, 그는 어린애 같고 잘 웃는다. 그는 자기 안 좋은 얘기하면서도 웃는다. 그 웃음은 하나님이 나를 이렇게 만들었으니 나는 책임 없다는 듯, 천진하기만 하다. 자기 인생, 하나님 말씀으로 객관화해서, 자기를 내세우는 자존심, 거의 없다. 그와 얘기하면 편하다. 자존심과 비장함으로 차 있는 사람은 피곤하다. 용건 없이 전화해도 되는 편한 사람 그런 사람 있어야, 사람은 산다.

기 선생님 좀 괜찮으신가

친구들 모임에 갔다 온 남편이 말한다.

"박 선생이 기 선생님은 좀 괜찮으신가? 하던데."

얼마 전에 남편이 그 친구 만났을 때, 요새 아내가 어지럼증이 일어나서 힘들어한다는 얘기 듣고, 오늘 남편 만나서 묻는 안부 인사다. 나는 남편 친구한테 대접받는 기분으로 말한다.

"그래요. 고마워라. 친구 부인한테 '기 선생님'이라고 인격적으로 불러줘서 좋아요. '야 늬 마누라는 좀 괜찮냐?' 할 수도 있는데… 박 선생님한테 내가 고맙다고 하더라고 하세요."

"뭘 그런 걸 일일이 다 말해. 감사합니다, 하면 되지."

"일일이 다 말해야 해요. 두루뭉술하게(희미하게) '감사합니다' 하면 안 돼요."

"항상 감사합니다, 그 속에 다 들어가는 거지. 뭘 더 꼬치꼬치 말해."

"당신은 말을 안 하거나 대강 하고 살아요. 구체적으로 안 해요. 생명은 구체성이 필요하대요. 내 성격이라고만 말고 좋은 말 구체적으로 하는 연습도 해보심이….”

‘창조주가 만드신 대로 상대를 인정하고 살면 되지, 왜 흰 꽃더러 빨간 꽃이 되라고 억지 부리는가. 이제 와서 연습은 무슨, 생긴 대로 살지’ 하는 남편 표정.

그래도 좋은 말은 좀 많이, 구체적으로 하고 살았으면 좋으련만…. 생명은 안 보이는 수많은 디테일이 모여서 되는 것. 수많은 잔손질 받으면서 생명이 자라나듯이, 남편도 아내 잔손질 받으면 좀 좋아. 그러나 아내 말(잔소리) 듣고 고쳐지는 남편 하나도 없으니, 아내는 더 말하지 말고 잠잠해야 한다.

어느 날 갑자기 이 작가가 없어진다면

언젠가 정죽 님이 전화 속에서 하신 좀 특이한, 내 책에 대한 독후감이다. "…어느 날 갑자기 이 작가가 없어진다면, 이 책을 못 본다면 어쩔까? 세상에 이런 작가는 없는데, 하나밖에 없는데… 이런 슬픈 생각을 합니다."

내 책 얘기지만, 객관적으로 듣는다.

'내가 다 쓴 게 아니니까.'

노인의 지혜도 경험도 쓸모없어지는 슬픈 시대가 오고 있는데… 작가도 명작도 명곡도 명화도 없어지고, 하나님 말씀인 성경만 남을 것이다. 천지는 없어져도 내 말은 일점 일획도 없어지지 아니한다고 했으니까.

셀라킴이 남편 생각하고 고등어구이 계속 들고 오듯이, 어제 한 친구는 내게 강하게 말한다. "남편에게 무조건 반찬 맛있게 해드리세요. 선생님(남편)이 건강해야 해요."

내 친구들이 남편 잘 섬기라고 신신당부함은 내가 좋은 글 많이 쓰기를 바라서일 것. 내가 무슨 말 할 수 있으랴. …두렵고 떨리는 마음으로 나는 하나님과 친구들 앞에 서 있다.

너희 안일한 여인들아

"작가님 오늘 '그 친구' 만나기로 했는데 시간 있으세요?" 아침 8시 5분, 친지 전화다.

나는 어젯밤 글 한 편 쓰다가 잠을 못 잤더니 혀 안쪽에 금이 간 것처럼 아프다. 그리고 교정보는 수필집(42집) 원고도 내일쯤 보내야 하고. 친지 전화를 힘없이 받는데, 친지의 다음 말이 나를 꽉 잡는다. "책 주신 것(10권) 다 나눠주고 한 권 남았는데, 아무리 찾아도 없어요. 오늘 만나는 친구가 그 책 꼭 보자고 했는데, 오늘 아침내 찾았는데도 없어요. 오죽하면 그동안 내가 책 준 사람들 수를 다 적어가면서 확인해도 없어요. 오늘 책 안 갖고 가면 그가 나를 잡아먹을라고 할 건데(웃음)…."

그렇게도 내 책을 보고자 하는 독자, 그렇게도 생생하게 표현하는 친지의 말 듣자, 내 아픈 몸 어디에서 불끈 새 힘이 솟는다.

"가지요. 내가 책 10권, 가지고 갈게요. 안심하세요."

아픈 나를 움직인 결정적인 말.

‘책 안 갖고 가면 그가 날 잡아먹을라고 할 건데….’

친지는 자기감정을 생기가 팍팍 튀게 말한다. 피 터지게 산 자만이 그렇게(?) 표현한다. 그런 말 하는 게 그의 매력이다. 그를 40년 가까이 만나는 이유 중 하나도 된다.

아무나 자기감정 그렇게 말할까? 삶을 절실하게 숨 막히게 사는 사람만이 그렇게 말할 수 있다. 삶을 대강대강 사는 사람은 그런 표현 못 한다. 삶을 편안하게 염려 없이 산 사람은 이런 말이 안 나온다.

성경 이사야에는 이런 말씀이 있다.

“너희 안일한 여인들아 일어나 내 목소리를 들을지어다 너희 염려 없는 딸들아 내 말에 귀를 기울일지어다”(이사야 32:9).

나도 네가 편해서 기워서 쓴다

친구에게 들은 그의 얘기다. 그는(74세, 여) 이스라엘, 터키, 키르기스스탄 등 세계 각지 선교사님을 찾아가서 후원하고 위로하는 분이다. 어깨, 눈, 심장 수술 등 여러 번 대수술한 몸으로 이번에 그가 가는 곳은 또 키르기스스탄. 한 달간 체류할 짐을 챙긴다. 늘 가지고 다니는 편안한 옷을 넣으려고 보니, 해져 있다. 해진 곳을 손바늘로 꿰매면서 그는 주님과 대화한다. “주님 제가 왜 이러고 있을까요? 몇천 원만 주면 새것을 살 것인데 이러고 있네요… 해졌어도 이 옷이 편해서 기워서 입으려고요.” 그때 주님이 이렇게 말씀하시더란다.

“나도 네가 편해서 기워서 쓴다.” ‘어떻게 기워서요? … 아아 내가 받은 여러 번 수술이, 내 해진 몸 마음 기우시는 거구나.’ 주님도 편한 사람 일꾼으로 쓰신다. 사람들 맘 다치지 않도록. 주님은 사람을 새로 다시 안 만드시고 옛사람 위에 재창조하셨다고 한다. 쉽게 비유하면 원본(原本) 없애지 않고 수선해서 쓰시고, 재생해서 영광 받으신다? 놀라운 재창조의 신비다.

인생 3막을 어떻게 살까요

2020년 7월 24일, 인천 독자의 문자 편지다.

"선생님! 좋은 아침이시죠? 저는 오늘 딸내미 집에 방문, 산후 도우미 분 '사랑빵'을 해서 감사 인사하러 가요. 더운 날씨에 딸에게 도움을 주셔서, 정말 고마운 마음 자꾸 들어서요. 사랑과 고마움을 안고 갑니다…."

"당신의 '사랑빵'이 오늘 큰일을 해낼 것입니다…."

"선생님! 산후 도우미 분께서 빵을 좋아했으면, 그런 마음으로, '드리는 설렘'으로 갑니다.

콩국물 남은 거 조금하고. 점심을 제가 해주려구요. 정말 고마워서요. 선생님! 바쁘신데 답 안 하셔도 됩니다. 오늘 저는 아주 청춘의 작가 선생님 글 한 편(여기엔 안 옮긴)을 받은 느낌입니다…."

이어서 그가 또 보낸 소식.

"내가 들어가니까… 딸도 놀라고(예고 없이 가서) 산후 도우미도 놀라서, 제가 예수님께서도 오실 때 예고 없이 오실 거야 했더니 딸이 한바탕 웃었어요.

오늘 작은 것으로 섬김이 참으로 보람되고 기뻤어요. 선생님 제가 작은 일 했습니다."

"작은 일이라니요, 큰일 하셨습니다…."

그의 사랑빵이 오늘 큰일을 해냈다. 인생 3막은 그렇게 사는 것 아닌가. 연약하고 곤고한 내 이웃을 도우면서, 살리면서 사는, 내가 할 수 있는 삶, 일상에서— 죽음의 삶, 부활의 삶, 인내의 삶을 사는 것이라고 생각한다.

내가 늙어도 버리지 마세요

어제 혼자 우울하게 지내는 친구 집을 또 찾았다.

그는 노년에 들어서면서 우울증이 생기고, 요즘 코로나에 장마철이 길어서 불면증 소화불량으로 시달린다. 내가 찾아간 어제도 지난밤에 두 시간 정도 잤다는데 얼굴이 좀 부어 있다. 밖은 가끔 장맛비가 내리고… 젊어서 책을 많이 읽은 친구는 말한다.

"나는 젊어서 등 구부리고 초라하게 길거리 다니는 노인들 보면 '왜 저러고 다니지. 집에서 책이나 읽지' 했는데 내가 나이 들어서 책을 조금만 보면 머리가 아파요. 밤에도 가끔 눈알이 빠지려고 하고 머리가 아파 두통약을 먹어요… 선생님, 늙어서 제가 밥 세 끼 못 먹겠어요. 마음이, 영혼이 허기져서 못 살지. 그러니 선생님 나를 버리지 말아주세요. 이렇게 곁에서 나를 받아주셔야 해요."

"당신이나 나를 버리지 마세요" 했지만, 나를 버리지 말라는 말은 주님께나 드릴 두려운 말씀. 그러나 인간은 또 인간의 작은 위로와 사랑이 필요한 존재가 아닌가 한다.

참깨를 태우는 며느리

나는 볶은 참깨를 사지 않는다. 비싼 것 같아서.

친구가 명절 때면 많이씩 볶아주는 깨를 먹다가 떨어지면 깨를 볶는다. 깨 볶아서 주는 친구도 지금은 나이 들어서 못 주고, 집에 있는 깨도 떨어져, 남편에게 농협 마트에서 참깨 좀 사 오라고 부탁했더니, 볶은 깨를 사 왔다. "농협에 참깨가 없으면 경동시장에 한번 가서 사 와야겠네요."

어제 만난 친구가 젊은 날, 깨 볶았던 얘기한다.

"깨를 씻어서 볶으면 어느새 갑자기 새까매져요."

"약한 불에서 천천히 볶아야 해요." "제가 그걸 압니까. 깨를 안 볶아봐서. 시어머니가 가지고 오신 깨를 번번이 태우니까, 태울 때마다 '우리 며느리는 깨도 못 볶는구나.' 그래도 야단 한번 안 치시고. 어디서 만나도 시어머니는 딸(시누이)들 몰래 볶은 깨 봉지를 줘요. '얼른 가방에 넣어라.'"

볶은 깨 몰래 주시던 시어머님이 가끔 생각난다는 친구.

그의 참깨 못 볶는 서투름이 시어머니의 애정을 받게 했을까…. 사람이 못하는 데가 있어야 사랑스럽다.

영(靈)적으로 철이 든다는 것

사람이 철이 든다는 것은—사람이 도덕상 반드시 지켜야 할 사람 된 행위의 한계, 명분을 아는 것—이라고 하는데, 그 명분(名分)은 살아봐야 안다고. 그래서 어린애가 철든 건 명분을 머리로 외운 지식에 불과한 것. 살아보지 않고 외워서 아는 명분, 지식이 무슨 힘 있겠는가… 도덕적으로 철이 들려고 해도 인생 살아봐야 한다면, 영적으로 철들려면 어떻게 해야 할까? 하나님의 말씀을 지식으로만 알지 말고, 삶으로 실제 살아봐야 영적으로 철이 들지 않을까.

성경 갈라디아서(5장 13절)에 보면 "형제들아 너희가 자유를 위하여 부르심을 입었으나 그러나 그 자유로 육체의 기회를 삼지 말고 오직 사랑으로 서로 종노릇하라"는 말씀이 있다. '오직 사랑으로 서로 종노릇하라'는 말씀 통해 영적인 철이 들려면 이 말씀, 머리로 외워서 지식으로 아는 것 아니고 삶 속에서 남을 섬겨봐야(종노릇해 봐야), 밑바닥으로 내려가 섬기면서 살아봐야 안다. '오직 사랑으로 종노릇'하면서 이웃을 섬겨봐야, 영적으로 철이 든다고 생각한다.

104세에 가신 며느리 친할머니

며느리 할머님(104세)이 소천, 장례식장에 갔다. 100세엔 대통령이 선물하는 지팡이도 받으시고. 어느 방송 인터뷰에선 '하버드대학 나온 것보다 예수 믿는 게 더 좋다' 하셨다고 사부인이 말씀해주신다. 신사임당 후보도 되셨다는 다재다능하신 분. 내 책도 잘 읽으시고. 며느리가 어려서 얼마간 할머니 댁에 가 있었다니, '정선 우체국 옆 할머님 댁'이 내게도 남는다… 나는 지금도 내 할머니 집, 시원한 뒷마루, 맨드라미 핀 장독대 언저리의 아늑함이 그립다.

뒷산에는 커다랗게 인자한 감나무도 서 있는, 지금도 내 마음이 쉬었다 오는 내 정서의 고향. 내가 자란 강변 집보다 어릴 때 자주 갔던 산골 할머니 집이 더 그립다. 가을이면 감나무에서 떨어진 찬란한 단풍잎들이 수북이 쌓이던 뒷마당, 뒷마당에서 바라본 뒷산, 허물어진 비탈에서 내보이던 산의 희뿌연 속살, 만지면 바스러지던 모래흙 속의 작은 모래알 하나도 내 속에 살아 있다. '정선 우체국 옆 할머니 집'도 며느리에게 그리운 정서의 고향이 되었으면 한다.

눈[雪]과 친구와 연인

눈이 온 아침, 친구에게 전화하니, 곧 받는다.

“아까 눈 오는 것 봤어요. 함박눈이 펑펑 쏟아져야지, 설레면서 전화할 마음이 나는데, 눈이라고 시답잖게, 컴컴한 데서 싸락눈이 내리니, 그렇더라고요.” 나는 눈이 시답잖게 와도, 컴컴한 데서 싸락눈이 와도 눈이라면 다 좋은데… 나는 느닷없이 친구에게 말한다. “어젯밤에 책(43집) 나왔어요. 지금 이 책 들고 이 눈 속에 당신한테 가고 싶은데….” “오지 마세요. 안 돼요!” ‘친구가 나, 오라고 하면 더 좋았을 것을…’.

친구는 절제의 화신 같고 나는 그 절제를 뛰어넘는 환상의 화신 같고… 뭔가 못 채운 나, 눈의 환상을 계속 좇고 있다. 나를 오라고 했다면 ‘오가는 길에서’ 내 목숨은 10년 더 푸르게, 싱싱하게 살아날 것인데… 가서 친구에게 책만 전해주고 온다. 아무런 얘기도 안 하고. 눈 오는 날, 어떤 사람도 눈만 못 하니까. 젊은 날, 눈 속에 연인(남편) 만났다가 아프다고 돌아왔다. 눈 속에선 연인도 아름답지 않다.

실물이 어찌 환상보다 나을 것인가.

노인이 죽으면 도서관 하나가 사라진다

“노인이 죽으면 도서관 하나가 사라진다.” 놀랍게도 아프리카의 격언이라고 한다. 그러나 요즘은 노인의 경험과 직관은 저물어간다고도 하고. 모든 ‘인간적인 것’이 무력해지는 시대가 오고 있는가… 그러나 인간적인 것, 진리 아니다. 진리 아닌 것은 변하고 소멸된다. 참 진리, 하나님 말씀만 남는다… 나는 영암 조 선생님을 국보급으로 존중한다. 그 분 가시면 내게선 영암이 사라진다. 아버지 가시면서 내게서 강변 철학자가 사라지고, 오빠 가시면 내 옆에서 국제 신사 한 분 사라지고, 그 능통한 영어가 아까워서 어쩔까….

친척 언니 주검 화장하는데 그의 친구가 절규한다.

“저 사람 아까워! 저 솜씨 아까워! 다 타네, 다 없어지네!”

한 사람이 갔는데 서울이 텅 빈 것 같다, 하고. 사랑하는 사람이 가면 세상이 텅 비어버릴 것…. 나는 어머니 가시고, 어머니 생각에 숨이 딱 막히는 순간들을 경험했다. 앞으로, 사랑하는 사람들 보내고 나서 견딜 힘 주시길… 내 맘 내가 어쩌지 못하니까, 내 맘 만드신 분께 간청, 간구한다.

권력자가 좋아한 개미허리

"'가는 허리'가 미인(美人)의 기준으로 떠오른 지는 퍽 오래다. 한자로 옮기면 세요(細腰)다. 그러나 초요(楚腰)라고 적을 때가 많다. 지금으로부터 2,500여 년 전 춘추시대의 초(楚)나라에서 비롯한 까닭이다. 당시 임금 영왕(靈王)은 허리가 잘록한 미인을 유독 선호했던 모양이다. 한비자(韓非子)에 따르면 임금의 기호로 인해 초나라의 많은 여인이 빈혈에 허덕였다고 한다. 임금의 눈에 들려고 심한 다이어트를 감행했기 때문이다.

남성들도 예외는 아니었던 듯하다. 임금의 눈총을 받기 싫어 절식(節食)을 거듭해 몸매를 가꾸는 데만 신경을 썼으니 말이다…"[유광종의 「차이나 별곡」(122)].

2,500여 년 전이나 지금이나 남녀가 외모를 가꾸는 데는 변함이 없다. 요즘은 다들 가꾸고 고치니까 안 가꾸고, 안 고친 게 더 생명 있는 아름다움이 되어간다.

전도서의 말씀이다. "이미 있던 것이 후에 다시 있겠고 이미 한 일을 후에 다시 할지라 해 아래에는 새것이 없나니 … 내가 해 아래에서 행하는 모든 일을 보았노라 보라 모두 다 헛되어 바람을 잡으려는 것이로다"(전도서 1:9, 14).

내 소설을 『현대문학』에 추천한 소설가 선생님(여)은 추천 무렵의 30대인 나를 보면 가끔 "스칼렛 오하라!"(영화 「바람과 함께 사라지다」 여주인공) 하고 불렀다. 영화의 여주인공 역 여배우 비비안 리 허리가 가늘었기 때문이다. 돌이켜보면 내가 허리 가늘어서 유익한 건 거의 없었다. 지금도 허리는 가늘지만 몸이 허약하고. 타고난 체형이지만, 허리 안 가늘어도 튼튼했으면 좋겠다.

전화하시면서 건강해진 하해수 님

새해에 받은 하해수 님(95세) 전화 목소리다. 목소리에 생기가 있고 발음도 전보다 더 또렷하게 들린다. 그분의 새해 기분일까, 내 느낌일까.

"선생님 새해에는 건강하시고… 선생님 하루 한 번씩, 예배드릴 때 만납니다. 마음에는 항상 모시고, 모습이 떠오르고… 예쁜(?) 모습도. 근본이 아름다우면 모습도 예쁘고… 선생님 사랑하고 존경하고 감사합니다." 옆에 있던 남편이 묻는다. "목소리가 카랑카랑하시네, 누구신데? …."

"95세 된 저어기 불광동 하해수 어머니세요. 전에는 안 그랬는데 나한테(?) 전화하시면서 목소리가 점점 젊어지시네. 생기가 나고 발음도 더 분명해지는 것 같네요."

좋아하는 선생님(기일혜)에게 전화하면서, 하해수 님 목소리가 더 살아나셨나… 누구 좋아하면 그 사람을 닮는다. 예수님 좋아하면 예수님 닮고. 나, 만나는 사람은 나 닮는다?

비약하면 내가 만난 사람,

내가 책임져야 한다는 말도 된다.

안 아프고 살면 좋겠어요

지방 독자(70대, 여)와 전화로 대화하는데, 무심결에 나온 그의 말. "안 아프고 살면 좋겠어요."

얼마나 많이 아프면 저런 말이 불쑥 나올까. 연민이 가는 참 인간다운 말이다. 안 아파본 사람이 그 아픔, 고통을 알 수 있을까…. 그 뒤, 그 말이 계속 내게 들린다. '안 아프고 살면 좋겠어요.' '주님 그에게 견딜 만한 아픔만 주시지요. 안 아프게 하시면 더 좋고요. 그의 인생 짐이 너무 무거운 것 아닙니까. 수고하고 무거운 짐 진 자들아 다 내게로 오라 하신 주님… 극한 고통, 십자가에서 받으신 주님은 다 아시지요. 그 연약한 여인을 아픈 고통에서 풀어주십시오.'

그는 새벽 기도하러 가는 시간이 가장 즐겁다고. 주님께 뭘 달라는 기도 아니고, 그냥 주님 만나러 가는 그 새벽 고요한 시간이 즐겁다고. '주님 만나는 게 즐거워서 새벽마다 걷는 그를 주님, 꼬옥 안아주십시오. 언제나 그의 마음속에 계시는 주님. 그가 아파할 때마다 함께 아파하시는 주님. 그 사랑을 믿습니다.'

4집, 5집 살림하는 동생들

남편은 외출했고, 동생이 금방 주고 간 반찬에 점심 먹으면서 행복하다. 내가 요즘 동생들 모습에서 내 어머니 모습을 본다. 동생들은 4집 살림, 5집 살림한다고 내가 말한다. 동생들(70대 초반, 후반)은 반찬 만들면서 자녀들, 내 몫까지 한다. 김치 담가도 자녀들, 자기네, 내 것까지 하고. 형제 우애 없어지는 시대에 우리 자매들 우애는 큰 자산.

오늘 반찬 주고 간 동생이 말한다. "형제라고 다 우리같이 생각하면서 산단가. 예수님 믿으니까 더 그래."

혈육의 정보다 예수님 사랑으로 더 형제간에 우애가 깊다는 말. 참으로 옳은 말이다. 그런 동생에게 내가 철없이 한 얘기, "어제, 내 결혼기념일인데, 형부가 내가 책 좋아한다고 내 책 100권 구입해줬다." "꽃 좋아하는 언닌데, 서양란 하나라도 선물하지." "꽃은 고사하고 붕어빵 2천 원어치만 사다 줘도 좋겠다." 남편이 아무리 잘해줘도 아내 욕심, 끝이 없다. 못된 아내, 하나님 같은 맘 아니면 내 꼴 못 본다.

동생들도 예수님 사랑 아니면 내 꼴 못 보고.

돈보다 책이 더 좋다는 사람

동생이 어제 나 만나고 갔는데, 오늘 아침 또 간재미회무침, 강화 쑥떡 누룽지 가지고 왔다.

어느 다락방을 고치는데 쥐 한 마리가, 몸이 뭣에 찍혀서 움직이지 못하고 있는데, 다른 쥐들이 먹을 것 갖다 먹여 살리고 있더라는 감동적인 쥐 이야기가 있다. 다쳐서 꼼짝 못 하는 그 쥐, 비슷한 언니에게 동생들은 계속 먹을 것 갖다준다. 나는 줄 게 없으니까 이번에 새로 나온 내 책을 주니, 받으면서 하는 동생의 말.

"공인중개사 하는 그이(여) 하나 갖다줘야겠네…. 어느 분 따라서 거기 갔는데, 20만 원 내니까, 5만 원 돌려주면서 점심이나 하시라고 하데. 누가 그러겠어. 그이 말이 '자기는 돈보다 책이 더 좋다'고 그래…. 언니 책도 좋아해." "참 별 사람이 다 있구나. 사람들은 대개 책보다 돈이 좋다고 하는데… 깨끗한 사람이구나." "그래도 잘돼(사업이)."

나는 동생 따라가서, 깨끗한 그 사람 만나고 싶어진다.

깨끗한 사람, 아주 귀한 세상이니까.

너무 잘하려고 마라

장성해서 결혼한 형제들끼리 잘 지내기란 어렵다. 아들도 결혼하면 남이라는 게 세상인데… "아내는 멀리 가서 빛과 소금 되려 말고, 남편에게 빛과 소금 되라"고 하듯, 남에게만 잘하려 말고 가족 형제에게도 잘해야 한다. 형제 우애도 혈육의 정 넘어 예수님 사랑 안으로 들어와야 온전해진다.

잘 만나주지도 않는 언니인 나. 동생들이 참고 덮어주면서 오늘까지 왔다. 며칠 전, 동생들은 태백산 천제단에 올랐다. 무려 4시간(?) 걸어서. 그 동생들 오늘 만났는데, 거기 돌나물로 담근 물김치 한 통씩 준다. 집에 와서 돌나물 물김치 두 통 보면서 얼마나 웃었는지… 한 동생은 담가놓고 깜박 잊고 이틀, 밖에 두었더니 너무 시었고. 다른 동생 건 싱싱하고. 물김치 두 통 보면서 나는 부모 맘, 하나님 마음이 된다. 시어진 물김치 들고 온 동생이 더 안쓰럽다. 그러니, 주님 앞에서 너무 잘하려고 마라. 주님은 마음만 보신다.

실수하고 못한 동생에게 언니 맘이 가듯 — 실패하고 못하고 약한 데, 하나님 마음이 머문다. 이 비밀을 알지어다.

책 표지 본 느낌도 가지가지

책은 내용이 중요하지만 표지도 못지않다. 내 책 표지 꽃 사진은 언제나 좋은데 인쇄 과정에서 어두워져 내가 가끔 마음 상했는데, 인쇄소 기장(技匠) 님께 부탁해서 색상을 밝게 조절한 뒤로는 맘에 드는 편.

이번 44권 표지 홍매화, 첨엔 맘에 덜 들었으나 볼수록 글로벌(?)하고 좋아진다. 이 책 표지에 대한 독자들 느낌이 다양하다. 그중, '엎드려 절받기'로, 우리 집에 와서 책 가져간 혜경 엄마의 독후감과 표지에 대한 느낌이 독특하다.

"작가님은 글 박사, 글 창고. 문학과 철학 해학과 성경적인 진리의 말씀이 다 들어 있네요. 표지는 태초의 창세기처럼 온 우주를 다 품고, 온갖 것을 다 말하고 있어요… 옆에 놓아두고 보고만(표지) 있어도 편안해져요." 그가 본 표지 느낌은 내가 본 느낌을 한층 끌어올린다… 길가, 조그만 풀꽃에서도 우주의 신비를 느끼는 시인도 있는데, 굵은 나뭇가지에 핀 홍매화로 꽉 찬 표지, 우주의 온갖 것을 말해주는 것 같다는 그의 느낌, 참 시적(詩的)이면서도 영적이다.

내 책이 무겁다고요? 안 무거워요

오래전 얘기다. 어머니 가신 뒤, 광주에 사는 넷째 동생이 단감 두 박스를 보냈다. 이 이야기는 한 번 했으나 이번 얘기에 필요해서 또 한다.

동생이 보낸 감 두 박스. 한 박스는 어머니 다니시던 노인당에, 하나는 서울 형제들 나눠 먹으라고. 그때 복도식 아파트 2층 맨 끝에 살았던 나. 2층엔 승강기가 안 서서, 택배 아저씨는 감 박스 하나 메고 1층 계단 올라, 긴 복도 걸어서 와야 했다. 화가 잔뜩 난 그는 우리 현관에 감 박스를 패대기치면서 하는 말.

"이 집에 남자 없어요! 한 박스 또 있어요!"

그의 무례함에 아파하면서도 나는 얼른 면장갑 들고 남은 감 박스 가지러 나간다. 그가 복도 저 끝에서 오고 있다. 나는 급히 달려가서 사정하듯이 말한다.

"아저씨 제가 이고 갈게요. (면장갑을 머리에 얹으면서) 죄송해요, 복도가 길어서요."

그는 사양하면서 갑자기 부드러워진 목소리로 "안 무거

워요" 한다. 금방 무겁다고 패대기친 사람이… 그는 우리 현관까지 감 박스 메고 와서 조심스럽게 놓고, 나를 안 보려는 듯 외면하면서 도망치듯이 갔다. 나 보기가 부끄러웠을까…?

며칠 전, 사당동 서점에 책 사러 온 젊은 친구들에게 주려고 내 책 10권 메고 나갔더니, 그들은 또 말한다.

"책 무겁게 들고 다니지 마세요. 연세도 많으신데."

"이것 10권, 안 무거워요, 스물 몇 권씩도 메고 다니는데… 나는 내 책이 안 무거워요."

사람들은 나더러 무거운 책 메고 다니지 말라고 여러 번 충고한다. 나는 내 책이 안 무거운데… 택배 아저씨도 내 사랑을 받자, '안 무거워요' 하는데… 내 분신 같은, 내 사랑인 책. 그 책이 무겁겠는가. 안 무겁다.

'사랑은 나를 뛰어넘게 하는 힘.'

81세인 나를 청년으로 만드는 힘이다.

은혜에 대한 강활란 님의 생각

강활란 님이 보낸 봉함 편지다. "…선생님 참으로 감사드립니다. 아무런 착한 일도 하지 못하고 하루 밥 세 끼만 축내고 살았는데, 선생님의 44번째 수필집을 넙죽 받아들고 죄송스런 마음에, 문자로 감사 인사를 드리는 것이 안 될 것 같아 부족하지만 손 글씨로 감사 편지를 올리고 싶었습니다. '신혼여행' 제목과 너무 잘 어울리는 표지의 꽃나무, 아주 탁월한 선택이셨던 것이라 느껴졌습니다… 은혜는 값없이 받는 것이 은혜라 들었습니다. 제가 계속 선생님의 책 선물을 받는 것이 바로 은혜라 생각됩니다. 주신 은혜 잘 간직하며 용기 내어 열심히 살겠습니다… 2021. 4. 14."

'아무런 착한 일도 하지 못하고' '밥 세 끼만 축내고' 있을지라도 계속 내 책 선물 받는 것이 은혜라고 독자는 말한다. 내가 하나님을 알지도 못하고 죄나 짓고 있을 때, 하나님이 먼저 나를 찾아오셔서 예수님 믿게 하신 것, 큰 은혜다. 왜 아무런 대가도 없이 내게 그런 믿음 주셨을까?

내가 하나님의 택한 자녀이기에 그런 은혜 거저, 주신 것.

'제 자랑'이라 마시고

책을 내는 것은 독자나 친구와 내 삶을 공유하고 싶어서, 이야기하고 싶어서도 낸다. 누구와 삶을 나누고 싶어서도 쓰는 내 글. 그 글에 담긴 내 삶, 읽고 보낸 독후감 보면서 나는 내 삶을 객관적으로 보고 배우게 된다. 다음은 문자 편지로 보낸 유 목사님의 독후감이다.

"기일혜 작가님, 44집도 한 편 한 편을 은혜롭게 잘 읽었습니다. 막 받았을 때 그 포장이 어찌나 정성스럽던지 해체하는 데 손이 떨릴 정도로 미안했습니다. 김 선생님께 감사를 전합니다. '기일혜 수필집'은 마치 한 편의 종합예술과 같다는 느낌을 받습니다. 작가님은 하나님께 영감을 받아 그분의 대변자가 되고 김 선생님은 소리 소문 없는 남우조연상 감이고, 책은 성경을 닮은 전도지 같습니다. 끝부분 「내 그리운 시절」을 읽으면서 가슴이, 코끝이 시큼하고 가슴이 울컥했습니다. 늘 건강하시길 빕니다."

'제 자랑'이라 마시고 선하게 읽어주시길.

긍정적인 독후감은 부족한 작가(나) 키우는 밑거름이 된다.

4부

아프리카로 가려던 가방이 우리 집으로

어느 교회에서 들리는 기쁜 소식

어느 교회에서 명예 권사님을 선출한 경위를 그 교회 목사님 말씀을 통해서 들었다.

요약해보면, 오랫동안 함께 신앙생활해온 믿음의 식구들, 조용히 헌신해온 성도 117분(80세 이상)에게 권사 직분을 드리기로 뜻깊은 결정을 하게 됐다는 말씀이다.

내가 목사님 말씀 중 주목해서 듣고 감동한 부분은 이 대목이다. "생각해보면 두드러지게 영웅적으로 일을 하는 것들은 금방 알아보지만, 감춰져 있고 숨겨져 있는 일들은 알아보기 힘들지요. 세상적인 차원에서 가치 있어 보이지 않는 일상과 반복의(인고의) 생활을 그것도 신앙생활을 감내하는 것은, 적어도 믿음의 식구들 사이에서는 알아보고 감사하고 고마워해야 한다고 생각합니다.

그동안 어떤 의미에선 헌신에 대해서 충분한 알아봄, 알아줌이 부족했음을 사과드리고 싶습니다… 여러분은 하나님이 잊은 적이 없다는 사실을 기억해서 힘내셔서, 말년에 우리 기도가 응답되는 기적을 이루고 주님 앞에 가시기를! ….”

'두드러지게 영웅적으로 일을 하는 것들은 금방 알아보지만, 감춰져 있고 숨겨져 있는 일들은 알아보기 힘들지요.' 또 담임 목회자로서 신자들의, '헌신에 대해서 충분한 알아봄, 알아줌이 부족했음을 사과드리고 싶습니다.'

그동안 직분 임명할 때, 헌신에 대해서 두드러지게 나타나는 일로 헌신의 기준 삼은 걸 사과드린다는 말씀이다. 감춰져 있고, 숨겨져 있는(일상과 반복의 인고의 생활을 감내한) 헌신의 신앙생활을 알아봄, 알아줌이 부족했음을 사과드린다고도 말씀하신다. 이런 깊은 사랑의 말씀 하시는 목사님이 이 시대에 계시다는 게 안심이 된다.

참으로 오랜만에 내가 들은 기쁜, 교회 소식이다.

나와 상관없이 멋진 독자에게

내 수필집(44)이 출간됐다는 안내 문자 받고, 즉시 책 주문한 독자에게 문자 편지 보낸다. "독자님, 책을 그렇게나 많이 주문하셨어요. 형편도 어려우신데…?"

다음 날 아침에 온 그 독자의 답글이다.

"선생님 저는 순천의 어느 독자분처럼 천 권 만 권 사서 나누고 또 나누고 싶어요. 그런 날이 꼭 왔으면… 싶습니다. 애쓰셨어요. 잘 읽겠습니다…."

나도 그에게 답장 보낸다.

"저와 상관없이 멋져요. 독자님.

저와 상관없이— 그렇게나 천 권, 만 권 전하고 싶은 책이 있다는 건, 복입니다. 뭐라고 드릴 수 없는 감흥으로 차 있습니다. 몸이 닳도록 남을 도우면서 사시는 당신. 그런 당신은 가끔 내가 상상도 못할 '순진무구함'으로 내 세상을 깜짝깜짝 놀라게 하시네요. 아무리 좋아하는 책이라고 천 권 만 권, 전하고 싶은 사람 어딨겠어요. 당신이나 그렇지."

24시간 대기할게요

화이자 백신 맞는 날. 아들에게서 '24시간 대기한다'는 전화. 이상 있으면 즉시 연락하라는. 24시간 대기한다고 사고가 방지되겠는가. 그 마음이 갸륵하지. 사고는 순식간, 사람이 손쓸 수 없게 오는데… 찰찰(察察)이 불찰(不察), 인간 살핌에는 한계가 있다는 말이다.

접종 장소는 집에서 떨어진 체육관. 예비 검사하고 강당 양쪽으로 10여 개 늘어선 주사실로 들어간다. 접종 후는, 대기실에서 15분간 안정… 높은 강단 양쪽으로는 직원 둘이 접종자 동태 살피고. 체육관에 늘어선 흰 천막의 주사실, 강단 위 감시원(?) 보면서, 내가 죽어 천국 심판정에 들어선 기분이었다. 내 평생에 한 말, 행동을 다 듣고 보게 되는 곳. 마태복음 말씀이 생각난다. "내가 너희에게 이르노니 사람이 무슨 무익한 말을 하든지 심판 날에 이에 대하여 심문을 받으리니 네 말로 의롭다 함을 받고 네 말로 정죄함을 받으리라"(마 12:36, 37). …남에게 상처 주는 말 안 해야지. 남을 비판하면 심판 날에 심문받는다. 정죄받는다.

다용도실 대청소 4시간이 헛수고(?)

몇 년 만에 다용도실 대청소. 낮 12시 전부터 오후 4시경까지 4시간 동안. 가장 애먹이는 건 2개의 스테인리스 3층 선반. 이동식 선반은 수십 개의 가는 스테인리스 줄로 되어서 녹슨 부분 벗기는 일이 힘들다. 오른손이 닳도록 쇠 수세미로 닦아냈다. 길게 깔아놓은 나무판 밑바닥 닦아내기, 버릴 것 결정하는 것도 힘들고.

그날, 남편이 밖에 나갔다가 들어올 때는 다용도실 대청소가 거의 끝난 무렵. 나는 남편에게 보이고 싶어서 부랴부랴 마무리하고, 남편에게 와서 좀 보라고 한다. 남편이 우유 덥히려면 다용도실 전자레인지 이용하기에, 하루 한 번은 드나드는 다용도실, 남편 쉼터가 되는 공간이었으면 하고, 더 마음 써서 정리된 다용도실을 보라고 남편에게 거듭 재촉한다. "여보 와서 한번 봐요?"

거실에 있는 남편에게 세 번째 말해도 끄떡없다. 네 번째가 말했을 때, 남편은 못 들었다면서 일어나 다용도실 보면서 하는 첫마디. 쓰레기통에 버린 돗자리 묶었던 비닐 끈

보면서 "왜 비닐 끈을 버렸는가."

"먼지가 끼어서 버렸어요." 남편은 또 쓰레기통을 보면서 뭘 버렸느냐고 묻는다. 다용도실, 아름답기까지 한 단정한 분위기는 언급도 않고.

참다못한 내가 한마디. "당신은 칭찬할 줄을 몰라요. 보기 좋다, 수고했다 하면 얼마나 아내가 위로받을 것인데."

"내가 아까부터 커피 타다 줄 거냐고 몇 번이나 말하니 싫다고 하고는…."

"당신은 칭찬에 인색해요. 아내 심리를 몰라요. 아무리 피곤해도 남편 말 한마디면 싹 가시는 게 아내 심리인데."

남편 표정이 굳어진다. 말이 적은 남편은 아내 칭찬 안 한다. 들어본 적이 없다.

남편이, 정리돼서 아늑한 다용도실 보고 좋다고 느끼든지 말든지 가만히 있을 건데 괜히 자랑하려다가 4시간 일한 게 헛수고가 되고 만다. 남에게 칭찬을 하되 내가 칭찬받으려고 하지는 말아야 한다. "타인이 너를 칭찬하게 하고 네 입으로는 하지 말며 외인이 너를 칭찬하게 하고 네 입술로는 하지 말지니라"(잠언 27:2).

그러나 헛수고란 없다. 사람은 성공에서보다 실수에서 더 배운다고 한다. 그러나 실수는 몸서리치게 쓰고 쓰다.

커피 한 잔이면 될 일 가지고

다용도실 4시간 대청소한 아내 수고 안 알아준다고 화가 잔뜩 난 아내. 그런 아내가 도대체 유치해서 이해할 수 없다고 속으로 화를 참고 있는 남편 얼굴이 약간 부어오르고, 아내 얼굴은 자책과 염오의 감정으로 굳어 있고… 이렇게 한동안 서로 마음만 상하고 있다. 서로의 생명이 상하고 있는 이 상황을 못 견디고 아내가 먼저 말한다.

"내가 보니 당신 얼굴이 붉어져 있네. 지금 아드레날린이란 독이 나와, 당신 몸이 상하고 있어요…."

남편은 무반응. 못 참는 아내가 부드럽게 한마디, "여보 나 커피 한 잔 주세요. 아까 커피 준다고 3번이나 말했다면서요. 내가 정신없이 일하고 있으니까 안 마신다고 했지."

남편이 커피 한 잔 갖다 준다. "아이고 맛있어라. 이렇게 커피 맛이 좋을까. 고마워요." 남편도 긴장이 좀 풀어지고… 이렇게 커피 한 잔이면 풀어질 일을, 부부는 때로 마음 상해가면서 오래 몸을 상하고… 무서운 일이다. 이럴 땐 집 안의 빛, 소금인 아내가 먼저 나서서 화해해야 한다.

고장 난 밥솥

밤이 깊었는데, 늦게야 생각이 나서 밥을 퍼 두려고 전기밥솥뚜껑을 여니, 안 열어진다.

이튿날 아침 밥솥 열어봐도 안 열어진다. 남편이 밥솥 대리점으로 전화. 출장 기사는 없으니 밥솥 들고 오라고.

다른 대리점도 마찬가지라 남편이 무거운 밥솥 들고 대리점으로 간다. 세상 물건은 고장이 난다. 사람도 고장 많이 나서 못 쓰게 되는 게 죽음이다.

그날 남편은 무거운 전기밥솥 들고 서울대입구 대리점으로 간다. 자가용도 없고 기운도 쇠약한 노인(87세)이 밥이 든 무거운 밥솥 들고 나가려고 준비한다. 아내는 밥솥을 보자기에 싸주면서 밥솥 고장이 '아내 잘못'이라 여기고 미안해서, "평생 애껀지(?) 어째야 쓸까?" 남편은 거듭된 내 자학, 자탄 소리에 조금 누그러지고 부드러워진 표정.

나도 어지간히 마음 좀 놓으면서 배웅하는데, 남편이 구두 신으면서 무거운 밥솥 한번 쳐다보더니, 자기도 모르게 터져 나온 신음 소리. "…정말 죽겠네…."

부드럽던 남편 표정이 가셔진다. 무거운 밥솥을 보자 실감이 나는지, 신음 같은 혼잣말. 그러자, 아내는 기어들어 가는 목소리로 "그런 말도(정말 죽겠네…) 안 하면 좋을 것인데…."

남편은 들은 듯, 못 들은 듯… 아내는 그 순간에도 생각한다. 사랑은 전부를 다 주는 것이기에 어떤 상황에서도 완전을 요구하는 거야. 아내가 아무리 잘못해도 저런 말은 안 해야지. 아내 없을 땐 몰라도, 아내 앞에서 저런 말 하다니… 서글프구나. 아내가 밥솥 고장 냈어도, 고장 내고 아파하는 아내 마음까지도 감싸주는 그런 넉넉한 남편이어야지.

남편은 '하나님 아니고 사람이야' 하는 생각은 한참 있다가 난다.

늙어도 피할 수 없는 가장(家長)의 무게

고장 난 무거운 밥솥 들고 대리점으로 가야 하는 87세의 늙은 남편. 밥솥에는 우리 부부가 며칠 동안 먹을 잡곡밥이 들어 있어 보통 무거운 게 아니다.

아내는 무거운 밥솥을 보자기로 싸면서 남편에게 미안하고 부끄러워서 이런 말 한다.

"그 대리점 사람들 앞에서 밥솥 열면 다 쉬어버린 밥이 나올 것인데, 부끄러워서 어쩌지?"

"부끄럽긴 뭐가 부끄러워. 별소리를 다 하네."

남편은 당당하다. 몇 시간 뒤 집으로 돌아온 남편의 말.

"대리점에서 이렇게 무거운 걸 들고 오셨느냐고 그러대." "그럼, 집에 늙은 할매하고 둘이 살아서 그런다고 하지 그랬어요."

"그런 말을 뭐 한다고 말해? 개인적인 일을 그 사람들에게 왜 말을 해?"

"그래도, 당신을 딱하게 보니까. 좀 설명을 하지. 하긴 당신은 아직 청년이니까 그렇지…."

남편은 아내가 부실하니, 집안일을 청년 때나 같이 도맡아 한다. 대리점 사람들 앞에서 쉰 밥솥 열어도 당당하다.

그게 뭐 어떤가, 내가 산 삶의 정직한 흔적인데.

절약하려고 무거운 밥솥 고쳐 들고, 택시비 아끼려고 지하철로. 그것도 환승해서 한 시간 이상 타고 집으로 온 남편. 가장(家長)의 무게는 늙어도 변함이 없다.

죽을 때까지 피할 수 없는 남자 삶의 무게.

조금은 비애롭다.

하늘 같은 남편이라고요

남자는 아담, 아담은 히브리어로 '사람' 사람을 대표한다는 뜻이라고 한다. 평생 '애낀지'요, 평생 참아야 하는 아내를 목숨 다해 사랑하는 게 아담(남편)의 존재 가치요, 창조주가 그에게 주신 사명. 성경 호세아를 보면 선지자 호세아는 집을 나가 창녀가 된 아내를 다시 데려오라는 하나님 명령 받고 막대한 몸값을 주고 다시 데려온다. 이게 남편의 하나님 같은 사랑. 지금도 속 깊은 남편들은 '집안 조용히 하려고 다 참는다'. 참는 게 사랑이다.

"여호와께서 내게 이르시되 이스라엘 자손이 다른 신을 섬기고 건포도 과자를 즐길지라도 여호와가 그들을 사랑하나니 너는 또 가서 타인의 사랑을 받아 음녀가 된 그 여자를 사랑하라 하시기로 내가 은 열다섯 개(은 30돈)와 보리 한 호멜 반으로 나를 위하여 그를 사고 그에게 이르기를 너는 많은 날 동안 나와 함께 지내고 음행하지 말며 다른 남자를 따르지 말라 나도 네게 그리하리라 하였노라"(호세아 3:1~3).

'하늘 같은 남편' '남편은 아내의 머리'. "이 비밀이 크도다."

까마득하고 아기자기한 이야기

내가 고장 난 밥솥 고친 이야기를 젊은 친구에게 하니, 재미있어한다. 나는 더 신나서 자세하게 얘기하고.

남편이 무거운 밥솥 들고 처음엔 대리점을 잘 몰라서 택시 타고 갔지만 고쳐서 돌아올 때는 택시비 절약하려고 지하철 바꿔 타면서 1시간 이상 걸려 돌아왔다고 하니, 친구는 막 웃으면서 그건 '까마득하고 아기자기한 얘기'라면서 자기 남편 얘기를 해준다.

"우리 남편 같으면 대번에 그거(고장 난 밥솥) 발로 차버린다, '그거 치아버려라(치워버려라)!' 할 거요. 언제 한번 칼이 안 든다고 갈아달라 했더니 퇴근할 때, 새 칼 사서 들고 왔어요." "그런 남편도 멋있네, 능력 있는 남편이라 그렇지."

생활이 좀 안정이 되고, 내가 한창 소설 쓰고 정신없을 때, 남편이 지나가듯이 한 말이 생각난다.

"이불 보따리 놓고 단칸방에서 살 때가 행복했어."

『사람은 무엇으로 사는가?』라는 톨스토이 작품이 있다. 그는 귀족이고 부와 명성을 다 가지고 사랑스런 아내와 13자녀를 낳았으나, 젊은 날은 방탕했고 말년엔 허무를 느끼고… 어느 날 창틈으로 본 가난한 가족이 조악한 음식을 앞에 놓고 감사 기도하는 걸 보고, '사람은 무엇으로 사는가?' 생각했다.

사람은 사랑으로 산다. 사랑은 단칸방 이불 보따리 삶 속에서 더 많이 잘 살아 있고… 사랑은 사람, 삶이라는 뜻이 있다고 한다.

'이불 보따리 놓고 단칸방에서 살 때가 행복했어.'

부부가 서로 마음으로 살던, 삶이 가난하고 단출하던 때가 남편은 그립다고. 지금은 까마득하고 아기자기한, 서글픈 얘기가 되고 말았지만.

라면에 떡살을 넣어, 안 넣어?

급히 어디 나가게 돼서, 남편 점심으로 라면을 끓인다.

"라면에 떡살(떡국점)을 넣을까요?" "넣지그래."

아내는 못마땅한 목소리로 "떡살이 칼로리가 많아서?"

남편은 반응이 없다. 아내는 알아듣게 한마디 더 한다.

"나는 당신 건강 관리자니까, 간섭 안 할 수가 없어요."

남편은 여전히 무반응… 아차! 셀라킴 말씀이 생각난다. "아바마마(내 남편)는 평생 아내를 참아줬는데… 그거 하나 못 참아요. 그분 속이 깊지만 여려요. 당신이 큰소리로 말하면 마음 아파요. 좋은 말이라도 큰소리로 마세요."

근엄한 표정으로 나무라던 그의 말이 뼛속에 박혔는지, 조금만 남편에게 싫은 소리 하면 셀라킴 말이 떠오른다. 그가 남편을 진심으로 걱정해서 한 말이라 그럴 것. 남편 요구대로 라면에 떡살 넣으면서 아내 말이 곧 부드러워진다.

"당신 건강 최종 관리자는 나 아니고 하나님."

그렇게 말하고 나니, 아내 마음 평화, 남편 마음도 평화.

마음 평화가 건강의 제일 조건.

어느 소년에게 보내는 정중한 사과(謝過)

5~6년 전이던가, 어느 독자(82세)가 자기 손자(초교 6년)가 쓴 동시 한 편을 보내주셨다. 제목은 「나의 지우개는 대인배」. 그중 이런 구절이 내게 남아 있다.

> "나의 지우개는 대인배/내가 구멍 난 양말처럼/구멍을 숑숑숑 뚫어도/참고 이해해준다/나의 지우개는 대인배"

이 동시 받고 대인배가 정확하게 뭐냐고 물으려다, 그만 잊고 어디다 끼워두었다.

그사이 한 5~6년 지나고… 이 동시 보낸 할아버지와 손자가 내 답신 얼마나 기다렸겠는가?

그래도 전화 한 번 안 하시고. 뒤늦게야 동시 적힌 종이 발견하고 여기에 옮기게 된 것.

'나의 지우개는 대인배' 했는데, 대인배는 소인배(小人輩)의 반대, 마음이 큰 대인(大人)을 뜻하는 것 같다. 대인에겐 무리 배(輩) 자를 안 쓰는 걸로 알고 있다.

그러나 어린이는 자란다. 이 시로 그의 시성(詩性)을 말할 수는 없다. 위대한 도스토옙스키도 그의 출세작『가난한 사람들』직후에 발표한 몇 작품을 '천재 추락'이라고 했지만, 그는 만년에 어느 소설가도 쓸 수 없는 불후의 명작,『죄와 벌』『카라마조프가의 형제들』『백치』등을 써냈다.

어느 소년의 무한 가능성을 믿고, 내 불찰로 5~6년이나 늦게 답신 보내면서 나는 정중하게 사과한다.

사과를 먹다가 생각이 나서

급히 외출하려는데, 현관 벨이 울린다. 위층 새댁이다. 남편이 중학교 과학 선생님이고 몇 년 전에 출산한 아기는 자라서 어린이집에 다닌다. 전에 영어 학원 원장님이었다는 이 젊은 지적 여성이 의외로 소박하게 말한다.

"애가 많이 뛰어서 시끄럽죠? 우리 위층에서 애가 뛰어다니는데, 시끄럽더라고요. 그런데 한 번도 말씀 안 하시고… 제가 이웃을 잘 만났어요."

"아니 정말 뛰는 소리 못 들어요. 안심하고 편안하세요."

"이거 사과하고 귤하고 고구마 조금 가져왔어요. 사과를 먹어보니까 너무 맛이 있어서 가지고 왔어요." "그래요."

오늘 아침 식탁에서 남편에게 자랑한다. "어제 위층 애기 엄마가 사과랑 가지고 와서 하던 말이 생각나네요. '먹어보니까 너무 맛이 있어서 가지고 왔어요.' 뭘 먹다 맛이 있을 때, 아무나 생각나는 것 아니지요." 층간 소음으로 많이 싸우는데, 내 이웃은 맛있는 것 먹다 내가 생각났다는 심성 고운 엄마. 심성 고운 이웃이 있다는 건 내게 복된 일이다.

평범한 내 하루, 축제로 만들기

오늘, 출판사 편집실장님과 내 책(44집) 홍매화 표지 감리(監理) 보러 인쇄소에 가는 날. 오랜만이라, 이날을 축제로 만들고 싶다. 맨 첫 번째 일은, 인쇄소 기장님과 직원들 드릴 음료수 사러 마트에 가는 일. 마트에 가서, 말한다.

"음료수 좋은 걸로요… 더 좋은 것 없어요?"

'더 좋은' 걸로 기장님과 직원들에게 드리고 싶은 마음이니까. 내 축제에는 모든 게 최상급이다.

내가 가난하게 살 때, 어느 글 쓰는 친구하고 어디 가면 친구보다 내가 먼저 돈 내고, 어떤 일에는 내가 더 통 크게 돈 많이 쓰려고 했다. 그때마다 친구가 하는 말,

"기일혜 씨는 이병철 씨 딸이라고 해도 못 감당하겠네."

내가 무슨 허세로 먼저 돈 내고 무슨 일에 통 크게 돈 쓰려고 했을까. 아니다. 친구가 돈 쓸까 봐. 그리고 뭘 하려면 아주 최상급 좋은 걸로 온전히 해야 한다는 내 성격 때문이었다. 그 친구는 나보다 훨씬 부유했지만, 그 순간은 그런 게 안 보이고 내가 돈 쓰는 게 친구 간 도리요 예의라는 생

각밖에 없었다. 오죽했으면 친구가 내 아버지가 재벌이라도 못 감당하겠다고 했을까… 그런데 친구 말이 맞다. 이 땅의 재벌과는 비교도 안 되는, 온 우주 만물의 주인이신 하나님이 내 아버지니까.

그날 동행한 실장님과 인쇄소에 들러서 한참 기다렸다가 일 마치고, 저녁 들고, 아늑하고 청결한 커피집에 가서 대화하고… 그거 못할 사람 거의 없다. 돈이 든다고? 돈이 들면 얼마나 들 것인가. 마음이 없어서 못 하지. 내 마음의 축제는 '사람 사랑하는 마음'만 있으면 언제라도 만들 수 있는 것. 아 한 가지가 빠졌다. 축제에는 고운 옷도 입어야지.

그날 진회색 버버리 속, 회색 티 위에 하얀 패딩 조끼를. 동생 며느리가 보낸 조끼인데 동생은 "언니, 그 옷 왜 안 입어?" 한다. 이럴 때 입으려고 아껴뒀지. 그리고 코발트색 야구 모자. 코발트색(짙은 청색)만 보면 가슴 떨던 시기가 있었다. 젊은 연인(남편)이 입은 짙은 코발트색 상의(上衣). 색깔에도 떨림이, 연정이 묻어 있는 인생은 아름다워라.

축제는 인생 예찬이다. 청춘 예찬보다 더 의미 있는 건 노년 예찬이고. 그러나 이것들은 다 잠깐이면 지나가는 무상한 것들. 주님 믿고, 죽어도 사는 영생만이 영원하리라.

죽을 때까지 해서는 안 될 말은

하버드대던가? 오래전 어느 미국 유명 대학에서 이런 조사 결과가 나왔다. 한 그룹은 문학 작품의 긍정적인 면만 얘기하고, 한 그룹은 부정적 면만 얘기했다. 수십 년 뒤, 긍정적 그룹에서 많은 유명 작가가 나왔고 부정 그룹에선 한 사람도 안 나왔다고 기억한다. 비난은 사람의 창조적인 성장 동력을 위축시킨다. 진실성 있는 칭찬은 작가를 키워내는 자양분이 되고… 내 글 소재는 인생의 극적 상황보다 평범한 일상이 많아서 수필 쓸 초기에 '식상(食傷)하다'는 말을 듣기도 했다. 그러나 내가 고쳐지기는커녕 더 일상 속으로 파고든다. 생텍쥐페리는 도스토옙스키 작품을 한마디로 '지리멸렬하다'고. 나는 도스토옙스키의 길고 긴 문장에서 인간성의 광활함, 심오함을 느낀다. 생텍쥐페리의 간결한 문장에선 시적인 아름다움을 느끼고. 다 다를 뿐이다.

죽을 때까지 해선 안 될 말은, 남을 비판(정죄)하는 말(마태복음 12:36, 37)이라고 한다. 가르치는 것도 상대방에게 상처를 주면서 하면 안 되고. 상처는 곧 비판에서 생기니까.

향기로 남은 샌디에이고 숙소

오래전, LA 집회 마치고 가까운 샌디에이고 독자 숙소에서 며칠 묵었다. 그날, 다른 독자(남) 차로 '시(sea) 월드'에 갔다. 그는 차 청소 깨끗이 한다고 향수까지 뿌렸는데, 너무 많이 뿌려서 향수 냄새가 진동. 머리가 아팠으나 그 독자의 마음이라 지금까지도 안 잊고… 내 숙소 독자(여)는 처음 샌디에이고에 와서 고국이 그리워 태평양 쪽 향해서 많이 울었다. 십여 년 지나 김포 공항에 내리니, 하수도 냄새가 나서, 샌디에이고가 더 살기 좋더라고. 냄새가 삶을 좌우하나?

사람 마음도 냄새가 난다면, 어떻게 알까? …마음의 냄새는 사람 눈을 보면 알겠지. 눈은 영혼의 창이니까.

내 조부님은 "사람 마음에 실지렁이 기어가는 것도 알아내신다"고 들었다. 하나님은 사람을 온전히 다 알아내신다.

"주께서 내가 앉고 일어섬을 아시고 멀리서도 나의 생각을 밝히 아시오며 나의 모든 길과 내가 눕는 것을 살펴보셨으므로 나의 모든 행위를 익히 아시오니 여호와여 내 혀의 말을 알지 못하시는 것이 하나도 없으시니이다"(시편 139:2~4).

친한 친구 같은 내 의자

나는 '나만의 방'을 주신 것을 하루에도 몇 번씩 감사한다. 이 방이 없었으면 어쨌을까?

글도 못 쓰고 내 몸엔 병이 났을 것. 70세까진 내 방도 내 의자도 없이 생활에 묻혀서 살았다. 이제 인생을 돌아보는 나이가 되자, 비로소 생긴 나만의 방과 내 의자.

나는 70세까지 등받이도 없이 엉덩이만 걸치는 간이 의자에서 글 쓰고 살다가, 이 집으로 이사 오면서 큰맘 먹고 등받이 있고 회전도 되는 이 의자를 구입했다.

집에서 밥하고 빨래하고 청소하다가 가끔은 내 방에 들어와서 쉰다. 하루에도 여러 번 들어와서 몸을 부리듯이 뒤로 젖히면서 쓰러지듯이 앉는다. 검고 약간 푹신한 편안한 회전의자. 일이 힘들 때, 남편과 의견 대립하고 나서, 의자에 죽은 듯이 쓰러진다. 내 피난처요 친구요 보호자인 의자.

의자에 앉음과 동시에 나오는 신음 소리. '아아아 좋다아 좋아아….' 이유도 모르게 언제나 지쳐 있는 내 영혼육이 내쉬는 신음 섞인 소리.

이렇게 일상에서 신음하면서 사는 나, 식탁에 내 숟가락 놓을 여유가 있겠는가. 아무도 모른다. 내 피곤의 원인이 눈에 보이지 않는 데 있는데, 남이 어찌 알겠는가. 나도 나를 알 수가 없는데… 나는 이 의자에 앉아서 나를 만드신 이에게 신음 소리로 아뢴다. 주님은 내 신음 소리 들으시고 새 힘을 주시고… 하루에도 몇 번씩 반복해서 치르는 내가 사는 방법이다.

"의자는 자기를 선택한 사람의 개성을 표현해주고 동고동락하는 애물(愛物)이다. 내 방에 놓인 의자에 앉을 때면 친한 친구와 대화하는 것 같다."

시인 릴케의 말은 내 마음을 잘 대변해준다.

광주 박 선생 댁에 갔을 때. 거실에 부드러운 고급 소파가 6개나 즐비하게 놓여 있는 걸 보았다. 품위 있게 비어 있는 그 소파들은 거기 앉았던 친구 부부의 삶과 생각의 여운을 말해주고 있는 듯. 그렇듯이 내 의자도 '현실과 비현실을 신음하면서 오가는' 내 삶의 아픈 여운을 말해주고 있을까?

아홉 번째에서 두 번째로 올라간 아빠

동생이 우스운 얘기해서 한참을 웃고 났는데, 이런 말도 한다. "언니 책에 나온「아홉 번째로 밀려난 아빠」(동생 아들) 읽고 났는데 손녀(7세)가 전화했더라고. 일주일에 한 번씩은 전화해…. 그래서 내가 아홉 번째로 밀려난 아빠 얘기 해주면서 웃었지. 그런데 손녀가 뭐라고 한 줄 아는가.

'1년인가 1년 반 전엔 그랬지만(아빠가 아홉 번째) 지금은 아니야. 지금은 두 번째야… 아빠가 재미있어졌어' 하더라니까.

그러니까 기분이 좋던데… 내가 손녀한테 말했지.

'할머니는 늬 아빠가 할머니 아들이니까 가장 좋아.'

안 그런가. 저도 알아야지…."

세상 어머니들 마음은 거의 같다. 가장 많이 사랑하는 자녀와 남편, 친정어머니보다 더 사랑한다. 아들은 그렇지 않다. 아들은 어머니보다 더 가까이에 자녀와 아내가 있다. 그러므로 가장 사랑하는 사람이 아들(자녀)이나 남편에서 하나님으로 바꿔져야 한다. 그래야 내가 살기 평안하다.

언니가 무섭다고

이번에 나온 책(44)을 동생에게 주고 난 다음 날 아침, 전화 중 어느 대목에서 나온 동생 말. "언니 책 보고, 언니가 무서워졌네… 1년에 한 권 내더니, 3권이나 내고. 나는 남의 글 그대로 보고 쓰기도 힘든데, 그렇게 많은 글을 쓰고… 내가 이런 사람하고 얘기하고 전화하고 가까이 지내도 되나 했네…." "그래서 내가 무섭다고…?"

나는 전에 없이 정색하고 대답한다. "그래 나, 무서운 사람이야. 글 쓰려면 얼마나 많은 체력과 독한 끈기가 있어야 한다고…." "알아, 그러니까 무섭다고."

동생과 곧 다른 화제로 끝냈지만, 내가 무섭기만 한 사람일까? …그 무서움 독함 덮어버리는 사랑이 내 안에 넘치고 있는데… 하나님은 엄위하시지만 인자가 한이 없으신 사랑이시다. 그 자녀인 내 속성도 하나님 닮아서 인자와 긍휼이 넘치고(?)… 하나님 자녀는 공의, 정의롭게 무섭게도 살지만 때로는 그 공의, 정의를 더 큰 사랑인 인자와 긍휼로 휘감아 덮어버린다.

가게에서 산 시금치 다발 속에 말벌이

좀 일찍 청계산 채소가게에 쪽파 사러 갔더니, 문을 안 열었다. 옆 채소가게에서 시금치 2천 원어치 샀다.

머위는 1킬로에 5천 원. "방송 타서 비싸요, 머위가 암에 좋다나…." 채소가게 할머니의 말을 뒤로하고 집으로 왔다.

시금치가 끝물이고 좀 억세다고 많이 준다. 다듬어서 씻는데, 내 오른손가락 하나를 뭣인가가 톡 쏘고 찌르더니 곧 못 견디게 통증이 온다. "아니 이게 뭐야, 내 손을 뭐가 쏘네, 아이고 쑤셔, 아파!" 뭣일까? 시금치 이파리를 들추면서 찾아보니 시커먼 말벌 한 마리. 산에서 검고 사납게 생긴 말벌에 쏘이면 죽는 사람도 있다. 가게에서 산 시금치에서 말벌이 나오다니, 만약 독이 센 거였다면 큰일 날 뻔했다. 점점 통증이 온다. 남편이 입으로 독을 빨아내라고 해서 그렇게 한다… 통증이 서서히 멎는다.

하루 일을 누가 알랴. 가게에서 산 시금치 이파리 속에 독침 가진 말벌 있는 줄 누가 알랴. 이 순간 살아 있음이 기적이다.

집 안에서 단풍 구경하기

산에 가야 단풍 구경하는데, 나는 내 방 안에 앉아서 단풍 구경한다. 오후 3시경. 내 북향 방에서 창밖을 보면 단독주택 연립주택들이 다정하게 옹기종기 모여 있다.

그 집들 너머로 D아파트가 보인다. 아파트 뒤뜰과 축대 밑으로 단풍 든 나무들이 길게도 서 있어서 바라보면 장관이다. 시월 오후의 양광을 담뿍 받은 아파트 뒤 정원의 단풍. 약간 초록 바탕을 배경으로 연하게 물든 단풍. 너무 짙은 건 저릿해서 안 좋고.

내장산 단풍은 화려하고, 캐나다 토론토 단풍은 너무 맑은 가을 날씨로 투명하나 잎이 넓고, 남의 나라 것이라 보는 나도 낯설고. 우리나라 잔잔한 단풍잎들이 좋다. 약한 몸, 나이 들어가니 모든 게 잔잔해야 좋다. 진하고 많고 뜨겁고 강한 것보다 연하고 보드랍고 은은한 게 좋다… 내 사랑은 그런 것. 부드럽고 따뜻한 것, 얼마나 치열하고 혹독한 것들 이겨낸 뒤에 얻어진 것인가. 부분적인 강렬한 것들 지나, 맨 나중 찾아온 부드럽고 따뜻한 생명 있는 것들.

두세 사람 모인 곳에는 나도 함께 있다

오늘 아침, 젊은 친구가 내게 전화한다.

"…작가님이 말씀하신 대로 남편에게 말했더니, 남편이 오늘 아침에 친정 언니한테 백만 원 보냈어요. 형부 치료비에 보태라고. 이건 기적이어요. 나는 기대도 않고 그냥 '작가님이 이럴 때 한 백만 원, 보내야 한다고 해서 남편한테 말했는데, 남편이 오늘 아침 인터넷으로 백만 원 보냈어요."

친구 형부는 당뇨 합병증으로 몇 달째 입원해서 발가락도 자르고, 병원 옮겨가면서 수술 치료비만 몇천만 원. 넉넉하지도 않은 살림… 그 얘기 전해 들은 내가 조심스럽게 '당신도 한 백만 원 보내드리면 좋겠네요.' 친구는 그 언니보다 형편이 나으니까. 친구는 내 말대로 남편에게 말했는데, 남편이 선뜻 백만 원 보냈다고. 내가 조언해줘서 고맙다고 친구가 말하기에 내가 냉정하게 말한다.

"내가 당신에게 조언 잘한 게 아니라 내가 당신 형부 얘기 들을 때— 하나님도 그 얘기 함께 들으셔요. 두세 사람이 모인 곳에는 나(하나님)도 그들 중에 있다고 하셨으니까요.

하나님이 우리 말 다 들으시고, 그런 말 하도록 내게 지혜 주시고, 내가 한 말을 이루게 하셨네요. 그리고 뭣보다 중요한 것은 당신이 내 말 듣고 그대로 순종하신 거요.

내가 당신 형편도 알기에 조심스럽게 '백만 원 보내드리면 좋겠네요' 한 말을 당신이 믿고 남편에게 말했다는 게 중요해요. 내 형편에 무슨 백만 원이나? 인간적으로 받아, 남편에게 말 안 했다면, 당신 남편이 언니한테 백만 원 보내는 기적 같은 일이 일어났겠어요?"

마태복음 18장에 있는 말씀이다.

"진실로 다시 너희에게 이르노니 너희 중의 두 사람이 땅에서 합심하여 무엇이든지 구하면 하늘에 계신 내 아버지께서 그들을 위하여 이루게 하시리라 두세 사람이 내 이름으로 모인 곳에는 나도 그들 중에 있느니라"(마태복음 18:19, 20).

남편이 트럭에서 사 온 햇양파 1단

남편이 농협 마트에 다녀오는 길에 햇양파 한 망을 트럭에서 사가지고 왔다. 그는 그것을 베란다에 꺼내놓고, 뿌리에서 한 10센티미터, 파란 이파리 잘라서 씻어 놓는다. 나는 그 파란 부분을 듬성듬성 썰어서 냉동실에 넣어놓고(양념으로 쓰려고) 들어간다. 다음 날 아침 베란다 쪽으로 가니, 남편이 말한다. "그 신문지 들고 양파 좀 보소."

나는 덮어놓은 신문지 들고 어른 주먹만 한 햇양파를 본다. 희고 탐스런 크기도 놀랍지만 연한 황토흙가루가 묻은 흰 뿌리가 아직도 은빛으로 살아 있다. "어머나 이 뿌리 좀 봐. 금방 캔 것이네. 밭에서 캐가지고 트럭으로 금방 싣고 왔구나… 꼭 젊은 당신 같네… 젊었을 때 당신 같다니까요. 이 햇양파, 희고 통통한 살도 좋고, 당신 정말 잘 사 왔네…." 남편이 사 온 건 햇양파 아니다. 아내의 감탄과 칭찬 한 봉지다. 베란다에서 계속 말하고 있는 아내의 감탄과 칭찬, 듣고 있는 남편 기분 어땠을까? 심드렁하진 않았을 것. 아내 머리인 남편 기분이 좋아야 아내 기분도 좋다.

가장 유치한 것이 가장 인간적인 것

나는 집안일 중에서 하기 싫은 일 여러 가지가 있는데, 몇 가지만 든다. 병뚜껑 열기, 남들은 손으로 잘 뜯는 커피 봉지나 식재료 봉지 뜯기, 빨래 걷어서 개는 것. 오늘 아침도 걷어 놓은 빨래를 남편에게 내민다.

남편은 두말 않고 받아준다. 언제나 해줬으니까. 그런데 오늘은 예상외로 이런 말을 덧붙인다.

“왜 이건 글로 안 쓴가?” 전혀 예상치 못한 남편 말에 긴장한다. 그럼 지금까지 참고 빨래 개 줬단 말인가. 여태 아무 말 않고 해줘서 괜찮은 줄 알았는데… 나는 어색하고 창피스러워하면서 얼버무리듯이 말한다.

“그게 무슨, 그런 걸 어떻게 글로 써요, 너무 유치해서….” “왜? …가장 유치한 게 가장 인간적인 것 아니야.”

나보다 한 수 높은 자에게 한 대 얻어맞는 느낌이다.

남편의 무게와 내 바닥이 드러나는 말. 남편 됨됨이의 묵직함을 느끼면서 내가 말한다.

“작가보다 당신이 훨씬 낫네. 인간 진실에 가깝네.”

남편의 성역(聖域)

동생 따라 지하철 1호선 백운역에서 40분쯤 걸어가서 있는 꽃 농원에서 화분 3개 사가지고 왔다.

집에 와서 보니, 남편 기분이 우울하다. 꽃을 가지고 왔는데 남편 표정이 안 좋다. 왜 그럴까? 아내가 꽃에 온통 빠져 있으니까 그럴까? 이상하다. 나는 점심도 안 먹고 꽃 사러 돌아다녔기에, 동생이 준 만두 덥혀서, 남편 피해 내 방으로 들어간다.

얼마 뒤 나가서 남편 표정을 보니, 여전히 우울.

내가 참견한다.

"여보 왜 그래요. 말을 해야 알지요. 당신 속을 알 수가 없으니…." 갑자기 남편은, "나는 속이 더 찢어진다고…."

도저히 이해할 수 없는 말이다. '말을 해야 알지, 왜 속이 찢어진다고 하지' 하다가 내 방으로 들어가 버린다.

다시 거실로 나간다.

"당신이 계속 굳어 있으니 못 있겠네…."

내가 뭘 잘못했는지 모르지만 용서를 구하는 맘으로 남

편 마실 물도 따뜻하게 데워 놓고, 부드럽게 "차 한 잔 드릴까요?" 남편은 아무런 말이 없더니… 내 성의에 고마웠는지 입을 연다. "오늘이 어머니 기일(忌日)이잖아. 내가 뭘 그렇게 좋은 표정이겠어?"

"아버님과 합동으로 지난번에 추도예배 드렸잖아요."

나로 해서 화난 줄만 알았는데… 그런 깊은 속내가 있었구나. "너무 슬퍼하지 마세요. 나는 내 어머니, 아버지 기일도 기억 못 하고 있을 때가 있으니까."

남편의 어머니 사랑은 아내도 범접 못 할 성역이다.

남편과 어머니는 같은 심장 가지고 연결돼 있으니까. 아내인 내 심장과 다른 심장 가진 남편. 부부는 무촌(無寸)이지만, 어느 땐 각기 다른 심장 가진 이질적인 딴 생명들.

이질적인 딴 생명이기에 가끔 부딪히면서 불협화음을 일으킨다. 불협화음은 노부부를 긴장시킨다. 그러나 긴장은 삶의 권태를 몰아내는 신선한 자극이 되기도 하고.

남편의 성역을 지켜주는 것은 남편을 아내의 머리 되게 하신 하나님의 창조권을 존중해드리는 일이기도 하다.

'엎드려 절받기'도 사랑하니까

요새 많이 쓰는 말 '공유(共有)'. 말뜻은 "두 사람 이상이 한 가지 것을 공동으로 가짐". 나는 책이 새로 나오면 누군가에게 얼른 드리고 싶다. 내 삶을 그와 공유하고 싶어서.

그래서 책 나왔다 하면, 한걸음에 달려오는 인천 A 님에게 전화하고. 그는 책 받아들고 가는 지하철 속에서 읽은 소감, 집에 가서 밥 먹으면서도 읽은 소감을 그때그때 신속하게 공유하면서 전화해준다. '내 책 드림' 내 삶을 누구와 같이 살고 싶다는 소리 없는 강청(强請)이다. 우편으로 책 드림도 내 삶을 그들과 공유하고 싶어서.

어제 사당역에서 친구들 만나 책을 전하고 오다가, 온수역으로 갈까 했다. 내 책 나왔다고 해도 소식 없는 혜경 엄마에게 책 들고 온수역으로 달려가 '혜경 엄마 책 가지고 왔어요!' 하고 싶었지만, 그는 아직도 열중할 현장 삶이 많은 몸이라 참고… 그는 내 삶을 많이 공유해주는 사람.

오늘 아침 내가 그에게 전화로 이런 얘기 했더니, 오후에 책 받으러 오겠단다. '엎드려 절받기'도 사랑하니까, 한다.

책 사러 가는 초로의 여인들

한국 사람들, 특히 나이 든 여자들 책 안 읽는다(나를 포함해서). 운동, 건강식엔 열심이지만… 오래전 일이지만 일본 가서 본, 가장 진하게 남는 인상은 지하철 안에서 책 읽던 중년, 초로의 부인들 모습이다. 저절로 고개가 숙여졌다.

어제 만난 50~60대의 친구들, 그들은 사당역 대형 서점에 책 사러 왔다. 멋있다. 한마디로 나는 기가 죽는다. 책 읽는 여인 앞에선 움츠러든다. 어제 친구들 만난 얘기 혜경 엄마에게 하면서, 그 친구들 대형 서점에 책 사러 왔더라고 하니까, 혜경 엄마가 대뜸 묻는 첫마디, "뭔 책 사러 왔어요?" 나는 또 기가 죽어서 말한다. "몰라요, 안 물어봤어요."

그의 학구열에 감탄하면서 더 말한다. "당신 대단하네요. 나는 내 책 제목 생각하느라고 못 물어봤네요. 그들이 무슨 책 사러 왔을까? 정말 궁금하네요. 나중에 물어봐야겠어요. 뭔 책 사러 왔느냐고… 당신의 신선한 감성 매력, 이런 데서 나타난다니까요." "그런 여자들은 요즘 무슨 책 읽을까 관심이 가서요." "당신은 작가인 나보다 훨씬 낫네요."

안양 M병원 올라가는 길

요 근래에, 장례식장에 가끔 간다. 강남 S병원에 두 번, 강북 M대학병원, 안양 M병원에 한 번. 장례식장에 갈 때마다 나의 죽음을 생각한다. 안양 M병원 가면서는 힘들어서 더 많이 생각했고. 고인과 유족 생각하면서, 까다로운 방역수칙 지키면서 조문 갔다. 며칠 전 찾아간 안양 M병원은 산 밑에 있어서, 환승한 지하철역에 내려서 또 버스로 환승. 버스에 내려서도 산 밑 M병원까지는 한 200미터(?). 높게 경사진 길 오르면서 나는 내 죽음길을 연상했다.

'차 있는 아들들 있으면 뭘 해. 지리(地理)에 밝아, 이런 곳 잘 찾는 나보다 건강한 남편 있으면 뭘 해. 자기 삶 사느라고 다 바쁘다. 나 혼자서 이 길, 가야 한다. 죽음길엔 아무도 동행할 수 없다. 예수님 손만 잡고 간다. 세상 어떤 것도 내 죽음길 도와줄 수 없다. 백신 접종 때, 24시간 대기한다는 아들도 내 죽음길엔 속수무책— 200미터 그 비탈진 언덕길, 내 인생의 진면목(眞面目)인 죽음과 마주하듯이 간다. 폐가 약한 나, 가쁜 숨 몰아쉬면서 '죽을힘 다해' 올라간다.

내가 뽑은 내 작품 세 편

내 수필집(45권), 원고 마무리하고 보니 미흡해서, 독자들이 좋아한다는 내 수필집 1, 2권을 다시 읽는다. 지금보다 젊은 날에 쓴 글이라, 뜨겁고 삶의 열정 어린 글들이 많다. 그래서 1, 2권 좋아하는 독자들이 압도적으로 많은가.

내 인생의 초창기 글들, 나도 좋아한다.

그러나 열정도 감동도 사라지고 주님 안에 있는 소망만 남는다. 그 소망의 삶 이야기가 많은 내 후반기 글들, 소재가 거의 평범한 일상이라 지루하고 따분할 수도 있다.

그래서 작가는 1, 2권의 감동적인 글 3편을 43, 44집에 넣었을까? …그러나 1권~44권까지 전부를 한눈에 놓고 보면, 같은 작품이 두 번 나오게 된다. 물론 43, 44권 머리말에, 이 작품들에 애착이 가고 안 읽은 독자들 위해 다시 싣는다고 해명했지만, 어쨌든 중복이다. 중복은 피해야—책 44권, 전부 구입하는 독자들에게 부탁한다. 중복해서 나온 작품은, '이건 작가가 자기 작품 중에서 엄선한 수작(秀作)'. 수작은 읽을수록 맛이 난다고, 선량하게 이해해주시길.

감동보다 소박한 평안이다

내 수필집(45권) 원고 정리해 놓고 보니, 맘에 덜 차서 불편한 맘으로 하룻밤을 보내고 난 새벽. 지난밤 늦게, 어느 농촌 주부 독자가 보낸 문자 편지를 그제야 읽는다.

> "예쁜 표지에 감동입니다. 코로나로 긴장된 마음 지친 몸이 설레임(설렘) 반 기대 반으로 잘 받았습니다. 매번 베풀어주신 사랑 감사 감사합니다. 나누어 읽으면서 큰 힘을 얻겠습니다. 건강하시고 더 많은 아름다운 이야기 기다려집니다."

별다르게 쓴 글도 아닌, 평온한 글인데, 어떤 명문 글보다 내 마음으로 스며들어서 불편한 맘을 만져준다. 참으로 귀한 건 무명천 같은 건데, 내가 글에 욕심낸 것 같고… 일상 소재가 대부분인 내 글— 사람 사는 일상이 뭐 그리 감동적이고 신기할 게 많을 것인가. 그날이 그날 같은, 그 무덤덤한 날을 잘 살아내는 게 소중한 일이지… 농촌 주부 독자의 평온한 글 읽으면서 나도 평온해진다.

잠시나마 내 글에 욕심내서 불편했던 심기(心氣) 버리고, 내 글로 누가 감동을 하든 말든 하나님 앞에서만 쓰겠다는 마음, 다잡는다. 사람에게 필요한 건 감동보다 소박한 평안이 아닐까.

이런 생각을 하고 나니, 마음이 평화로워진다.

내 작가적인 심기가 잠시 불편했던 건, 하나님보다 사람 의식하고 글 잘 쓰려는 작가적인 욕심, 허영 때문이었을 것.

다시 한번 새긴다. 지금 이때, 내게 필요한 건 감동보다 소박한 평안이다. 평안은 감동이 지나간 뒤에 오는 마음이다.

나는 그렇게 산다 2

지하철 사당역에는 대형 서점이 있다.

그 서점 앞에서 나와 친구, 숙이 님 셋이 만난다.

나는 새로 나온 내 책(44집)을 그들에게 드리면서 전에 없이 강요하듯, 힘주어서 말한다.

"책 머리말도 보시고, 뒤에서 두 번째 있는 「나는 그렇게 산다」도 한번 보세요. 짧으니까."

그들은 얼른 책을 펴서 읽는다. 보고 난 숙이 님이 먼저 말한다. "제목(나는 그렇게 산다)이 참 좋네요. 제목이 작가님 사진과 오버랩되면서 작가님을 말하는 것 같아요."

이어서 친구도 말한다. "지금까지 제목 중에서 가장 좋아요, '내가 졸고 있을 때' '가난을 만들고 있을 때' '냉이야 살아나라'보다 더… 작가님의 지금까지 삶을 다 말하고 있어요. 누가, 나는 그렇게 산다고 당당하게 말할 수 있어요?"

한참 뒤, 내가 생각한 45집 제목은 '연분홍 치마도 금방인데'라고 하니, 숙이 님이 말한다.

"그건 소제목으론 좋지만… '나는 그렇게 산다'는 누구나 '어떻게 살지?' 하고 관심 갖게 되고, 스펙트럼이 훨씬 커요." "…그렇기도 하겠네요."

이렇게, 나도 동의하고 그들과 함께 다시 정한 내 수필집(45집) 제목은 「나는 그렇게 산다」.

안 읽은 분들 위해서 44권에 실린 「나는 그렇게 산다」 일부를 여기에 옮긴다.

> "그동안, 이번 수필집까지 44권 내면서 보낸 수십 년.
> 글을 써도 안 써도 글이 맘에 늘 매달려 있어서, 내 밥상에 맘 놓고 앉아본 적이 거의 없다. 남편 상 차리고 나면 언제나 탈진한 나. 나중에야 식은 음식, 남은 음식 좀 들고… 어떤 이는 밥상에 내 수저도 놓아본 적 없다고 하니, '그럼 숟가락 없이 뭘로 먹어요' 한다. 이런 나를 누가 알랴.
> 아무도 모르니까 운다…."

나는 아직도 인간적인 자기 연민으로 우는 부족한 사람이다. 얼마를 더 그렇게 못나게 살고, 못나게 울어야 할까… 언제까지나 나는 그렇게 살 것 같다. 그게 나. 나, 라는 인간이니까.

아프리카로 가려던 여행 가방이 우리 집으로

셀라킴이 미국으로 가는데 적당한 가방이 없는 것 같다. 돈이 없나 하고, 내가 남편 카드로 사드리려고 먼저 청계천 사모에게 전화한다. "사모님 어떤 분(미국 시민권자)이 미국으로 가는데 마땅한 가방이 없나 봐요. 제가 오늘 하나 사드리려고 하니, 같이 가서 좀 봐주시겠어요?"

그 사모는 내가 보기에 물건 알아보고 구매하는 데 특출한 안목이 있다. 그런데 곧 이런 대답이다.

"우리 집에 제가 쓰던 가방이 있는데, 새건 아니지만 그렇다고 낡은 것도 아니어요. 그걸 보내드릴게요."

"…그럼 우리 집 주소로 보내주셔요. 제가 그분한테 전해드릴게요."

다음날 그 여행 가방이 우리 집으로 왔다. 그런데 아직 제품 표시도 떼지 않은, 360도 회전 가능한 고급 신제품. 왜 사모의 헌 가방 아니고 새 가방이 왔을까? 나중에야 알았다.

나와 전화 끊고, 사모가 자기 쓰던 가방 보내려고 포

장하고 있는데, 따님이 보았다. 따님은 아프리카에 있는 NGO 남편 따라 곧 아프리카로 출국하려고 새 가방을 구입했다.

코로나로 아프리카에 못 가고 있는 동안, 카이스트에서 공부하던 박사 학위도 받고, 내일모레 딸 아이(6세) 데리고 출국하려고 새로 산 가방. 가방 크기도 비행기 안으로 들고 갈 정도. 색도 연한 인디언 핑크로 고상하고. 젊은 엄마가 어떻게 이리 좋은 새 가방 남 주고 자기는 쓰던 헌 가방 들고 갈 수 있을까? 과연 NGO의 아내는 다르다.

그 따님이 했다는 말이, 내 속에 무섭게 살아 있다.

'엄마, 이 새 가방 드려요. 나는 쓰던 것 가지고 가면 돼요.'

내 유익보다 남의 유익을 더 생각하는 예수님 같은 마음이다. 이렇게 해서 아프리카로 가려던 가방이 사당동 우리 집 거쳐, 삼각지 셀라킴에게 가게 된다. 그 여행 가방을 택배로 받은 날 오후, 그걸 들고 나는 삼각지 셀라킴에게 전하러 갔다.

이 가방을 본 그의 말. "어쩌면, 내가 사려고 보아둔 그 가방과 똑같은 사이즈! 색도 아주 맘에 들고…."

하나님은 셀라킴이 필요한 여행 가방의 크기, 색깔까지도 다 맞춰서 보내셨다. 이런 일은 사람은 못 만드는, 하나님만 만드시는 기적이다.

나의 친부(親父)와 양부(養父)

어제 아침 동네 공원을 올라가는데 복슬복슬하고 하얀 강아지가 보인다. 강아지 목줄을 잡고 있는 여주인은 70대 할머니. 강아지는 앞서가면서 자꾸 뒤돌아보면서 주인을 살핀다. 불안해하는 강아지가 이상해서 내가 주인에게 묻는다. "강아지가 자꾸만 뒤돌아보며 주인을 확인하네요."

"얘가 또 파양(罷養)될까 봐 저래요. 전에 한번 파양이 돼서… 전 주인이 집에만 두어서, 공원에 데리고 오면 저렇게 좋아해요." "또 파양될까 봐… 안쓰러워라. 짐승도 자기를 버릴까 봐 저러는구나." …나도 하나님의 양자(養子), 친자(親子)는 예수님이고. 그러나 하나님이 날 파양시키리라는 두려움, 전혀 없다. 하나님 사랑은 '절대 불변'이기에.

"너희는 다시 무서워하는 종의 영(靈)을 받지 아니하고 양자의 영을 받았으므로 우리가 아빠 아버지라고 부르짖느니라 … 자녀이면 또한 상속자 곧 하나님의 상속자요 그리스도와 함께한 상속자니 우리가 그와 함께 영광을 받기 위하여 고난도 함께 받아야 할 것이니라"(로마서 8:15, 17).

연천 중대장 사모가 보낸 글

"선생님 글, 가슴이 넘(너무) 먹먹함 감출 수가 없어요.

보잘것없는 저에게 과분한 사랑을 한결같이 주심에 감사드립니다. 선생님 건강 조심하시구 또 조심하셔요."

글 보낸 이는 내가 어느 포병여단 산하 국군교회에 강사로 다닐 때 만난 분. 연천은 의정부에서 열차로도 먼 곳. 그때, 7시 저녁 예배 마치고 서울 집에 오면 12시 자정.

그 무렵은 영하 17도가 여러 날인 추운 겨울이나 추운 줄도 모르고 여단 산하 20 교회를 다녔다… 어느 혹한의 밤, 열차에서 만난 가난한 처녀(공장 근로자)와 대화하다, 그녀의 목이 추워 보여서 그날 선물 받은 실크 머플러로 감아줬다.

그녀는 감격해서 엄마(철원)가 동생(공장 근로자)과 먹으라고 싸주신 감자떡, 내게 다 주고 주내역에서 급히 내려버린다.

나도 그 감자떡 우리 아파트 가난한 경비원 아저씨께 다 드리고, 2층 긴 복도에 서서 하늘을 보면서 울었다. '글 못 써도, 가난한 사람과 나누며 사는 이런 삶은 주셔요.' 목이 메었다. 그날 밤 감자떡… 생각하면 지금도 목이 메인다.

기일혜 수필집 45

나는 그렇게 산다

초판 발행일 2021년 7월 20일

지은이 기일혜
펴낸이 임만호
펴낸곳 도서출판 **크리스챤서적**
등 록 제10-22호(1979. 9. 13)
주 소 서울 강남구 선릉로112길 36 창조빌딩 3F(우: 06097)
전 화 02) 544-3468~9
F A X 02) 511-3920
e-mail holybooks@naver.com

책임편집 장민혜
디자인 이선애
제 작 임성암
관 리 양영주

Printed in Korea
ISBN 978-89-478-0373-1 03230

정가 4,000원

※잘못된 책은 바꾸어 드립니다.